AF810293

QURANIC ADVICES

SELECTIONS FROM THE HOLY QURAN OF GUIDES FOR A BETTER WAY OF LIFE

—

ARABIC TEXT
with
TRANSLATIONS
by

MARMADUKE PICKTHALL
(ENGLISH)
MAULANA FATEH MOHAMMED JALLENDHRI
(URDU)

KITAB BHAVAN
New Delhi-110002

Kitab Bhavan
Publishers, Distributors, Exporters & Importers
1784, Kalan Mahal, Darya Ganj
New Delhi-110002 (India)

Phone : (91-11)23277392/93,23274686
Web Site. : www.kitabbhavan.com
E-Mail : nasri@vsnl.com
Fax : (91-11)23263383

ISBN 81-7151-024-8
Book Code Q00004

Ist Published in India 1979
7th Edition............. 2004

Published in India By:
Nusrat Ali Nasri for Kitáb Bhavan
1784, kalan Mahal Drya Ganj
New Delhi-110002 (India)

Printed in India at:
Lahooti Fine Art Press
1711, Sui Walan, Darya Ganj
New Delhi-110002 (India)

PREFACE

The history of Islam since the nineteenth century is a history of revival and efforts at re-adjustment under the double stimulus of challenge from within and without. Slowly at first, and not without set back, but with increased momentum, the Muslim community has gathered itself together and begun to look to its defences, re-awakened and alert, and is searching for the "Light" with which to advance united into a glorious future predicted so often in the Quran.

The Quran is the record of those formal utterances and discourses which Prophet Mohammad (be peace on him) and his followers accepted as directly inspired Muslim orthodoxy, therefore, regards them as the literal Word of God mediated through the Angel Gibrael. The Prophet's own behalf which is still held without question by his followers was that these discourses were portion of a "Heavenly Book", sent down to or upon him in an Arabic version not as a wohle but in sections of manageable length and in relation to the circumstances of the moment with the result that the Quran as a whole is a reply to all our queries, worries and miseries.

From the Quran itself it is clear that the existence of a Supreme God, Allah, is assumed as an axiom common to Prophet Mohammad (be peace on him) and his opponents. The Quran never argues the point; what it does argue is that He is the one and only God-La Ilaha-Illallah, there is no God but Allah and that God is the Omnipotent Master and the man is His creature who is ever in danger of incurring His wrath if he disobeys the Law. This is the basis of all Muslim theology and ethic. Forgiveness is only to be attained by the Grace of God; man can win it for himself by merit and to be worthy to attain it requires of man unrelenting self-control and the services of God by means of good deeds.

God is the Light of the Heavens and the Earth. The similitude of His Light is as it were a niche wherein is a lamp, the lamp within a glass, the glass as though it were a pearly star. It is lit; Light upon Light, God Guideth with His Light whom He will and that eternal Light is shown to every man and woman who agrees to a religious practice or rule of faith as revealed through the means of Quran delivered and inspired by God and preserved from error. The whole spirit of Islam is to revive finally the human faith in monotheism and the ethical standards to the levels set by the preaching of earlier Prophets as laid down in the "Heavenly Books" they brought unto men and women.

As a dynamic system and safe anchor for humanity Islam embodies eternal virtues necessary for the individual and the community. Its unique distinction and greatness lies in its emphasis on practice. The teachings of Islam enunciated in the Holy Quran are undogmatic, flexible and adaptable to all ages. The Quran is not a testament for believers. It is a book of heavenly wisdom open for every one whose soul burns with the passion of turning the virtue in abstract into the virtue in practice. In the present day atmosphere of hostility, suspense, and discontentment when the soul of man is wandering in bewilderment, Islam is the only refuge offering spiritual elevation and peace of mind without belittling material progress and man's control on nature; and the Quran is the guide to the destination of heavenly bliss which no great man of today predicteth.

In reference to the abovo it is a pleasure to produce a book under the caption "Quranic Advices" which is in your hands. Since the "Al-Quran" is the basis of renaissance of Islamic internationalism, we have also confined "Quranic Advices" to the teaching of Quran. The book has usefully been divided and sub-divided under many headings which tell a story of faith and faithful. The subject matters vary from birth unto death and fall into the purview of moral, social, religious and political aspects which confront us every day. To help one to solve one's day to day problems in objectiveness in a Quarnic way we make readily available a brief reference book and guide. It is a portrayal of good and evil in the eyes of God and at the same time it is an embodiment of Advices one may accept in righteousness and piety. Through this short book we propose to extend the Islamic way of life to the English and Urdu readers who are not well conversant with Arabic language. It is hoped that this book will find immense use by those who are really desirous to mend their ways to the benefit of mankind under the discourses of Allah—the omnipotent.

INDEX

CHAPTER V

CHAPTER VI

CHAPTER VII

DIVORCE

بِسْمِ اللّٰهِ الرَّحْمٰنِ الرَّحِيْمِ

الجُزْءُ الأَوَّلُ

حصّہ اوّل

In the name of Allah. The Beneficent, the Merciful

PART I

CHAPTER I

اَلْبَابُ الْاَوَّلُ

پہلا باب

The people Allah likes

مَنْ يُحِبُّهُمُ اللّٰهُ

اللہ کن لوگوں کو پسند کرتا ہے

1. And do good, surely Allah loveth those who do good.

١- وَاَحْسِنُوْا ۚ اِنَّ اللّٰهَ يُحِبُّ الْمُحْسِنِيْنَ ۝ (البقرة)

اور احسان کرو، اللہ احسان کرنے والوں کو دوست رکھتا ہے

2. Surely Allah loveth those who turn (unto Him in repentance) and He loveth those who keep themselves clean.

٢- اِنَّ اللّٰهَ يُحِبُّ التَّوَّابِيْنَ وَيُحِبُّ الْمُتَطَهِّرِيْنَ ۝ (البقرة)

بے شک اللہ توبہ کرنے والوں کو دوست رکھتا ہے اور (نیز) صفائی رکھنے والوں کو دوست رکھتا ہے

3. He who fulfilleth his pledge and wardeth off (evil, let him know that) surely Allah loveth those who ward off (evil).

٣- بَلٰى مَنْ اَوْفٰى بِعَهْدِهٖ وَاتَّقٰى فَاِنَّ اللّٰهَ يُحِبُّ الْمُتَّقِيْنَ ۝ (آل عمران)

توجو شخص اپنا اقرار پورا کرے اور (بدمعاملگی سے) بچے تو اللہ (بدمعاملگی سے) بچنے والوں کو دوست رکھتا ہے

4. Allah loveth the stedfast.

٤- وَاللّٰهُ يُحِبُّ الصّٰبِرِيْنَ ۝ (آل عمران)

اور اللہ (مصیبت میں) ثابت قدم رہنے والوں کو دوست رکھتا ہے

5. Surely Allah loveth those who do good deeds.

٥- وَاللّٰهُ يُحِبُّ الْمُحْسِنِيْنَ ۝ (آل عمران)

اور اللہ خلوص سے کام کرنے والوں کو دوست رکھتا ہے

6. Surely Allah loveth the equitable.

۶- اِنَّ اللّٰہَ یُحِبُّ الْمُقْسِطِیْنَ ○ (المائدة)

بلاشبہ اللہ انصاف کرنے والوں کو دوست رکھتا ہے

7. And (know that) surely Allah is with those who ward off (evil).

۷- وَاعْلَمُوْٓا اَنَّ اللّٰہَ مَعَ الْمُتَّقِیْنَ ○ (التوبة)

اور جانے رہو کہ اللہ پرہیزگاروں (زیادتی سے بچنے والوں) کا ساتھی ہے

8. Surely the Mercy of Allah is nigh unto the good.

۸- اِنَّ رَحْمَتَ اللّٰہِ قَرِیْبٌ مِّنَ الْمُحْسِنِیْنَ ○ (الاعراف)

بیشک خدا کی رحمت خلوص رکھنے والوں سے (بہت ہی) قریب ہے

9. Allah wasteth not the reward of the good.

۹- اِنَّ اللّٰہَ لَا یُضِیْعُ اَجْرَ الْمُحْسِنِیْنَ ○ (التوبة)

بیشک اللہ خلوصِ دل (سے اسلام کی خدمت کرنے) والوں کے اجر کو ضائع نہیں ہونے دیا کرتا

10. (As for) Those who strive towards Us, of a certainty We do guide them on Our paths; and of a certainty Allah is with the good.

۱۰- وَالَّذِیْنَ جَاھَدُوْا فِیْنَا لَنَھْدِیَنَّھُمْ

اور جن لوگوں نے ہمارے (دین کے) کام میں کوششیں کیں ہم (بھی) اُن کو ضرور اپنے راستے

سُبُلَنَا ؕ وَاِنَّ اللّٰہَ لَمَعَ الْمُحْسِنِیْنَ ○ (العنکبوت)

دکھائینگے اور کچھ شک نہیں اللہ اُن (لوگوں) کا ساتھی ہے جو خلوصِ دل سے نیک عمل کرتے ہیں

11. Surely Allah loveth those who put (their) trust (in Him).

۱۱- اِنَّ اللّٰہَ یُحِبُّ الْمُتَوَکِّلِیْنَ ○ (آل عمران)

بیشک جو لوگ خدا پر بھروسہ رکھتے ہیں اللہ اُن کو دوست رکھتا ہے

CHAPTER II

اَلْبَابُ الثَّانِيْ

دوسرا باب

The people whom Allah does not like

مَنْ لَا يُحِبُّهُمُ اللّٰهُ

اللہ کن لوگوں کو ناپسند کرتا ہے

1. Allah guideth not the froward folk.

١- وَاللّٰهُ لَا يَهْدِي الْقَوْمَ الْفٰسِقِيْنَ ○ (سورۃ الصف)

اور اللہ نافرمان لوگوں کو ہدایت نہیں دیا کرتا۔

2. Allah loveth not those who make mischief.

٢- وَاللّٰهُ لَا يُحِبُّ الْمُفْسِدِيْنَ ○ (سورۃ المائدۃ)

اور اللہ فسادیوں کو دوست نہیں رکھتا

3. Surely Allah upholdeth not the work of mischief-makers.

٣- اِنَّ اللّٰهَ لَا يُصْلِحُ عَمَلَ الْمُفْسِدِيْنَ ○ (سورۃ یونس)

اللہ مفسد لوگوں کے کام بننے نہیں دیا کرتا

4. Allah guideth not the wrong-doing folk.

٤- وَاللّٰهُ لَا يَهْدِي الْقَوْمَ الظّٰلِمِيْنَ ○ (سورۃ التوبۃ)

اور اللہ ظالم لوگوں کو راہِ راست نہیں دکھایا کرتا

5. Allah guideth not the disbelieving folk.

٥- وَاللّٰهُ لَا يَهْدِي الْقَوْمَ الْكٰفِرِيْنَ ○ (سورۃ التوبۃ)

اور اللہ اُن لوگوں کو جو کفر کرتے ہیں (توفیق) ہدایت نہیں دیا کرتا

6. Surely Allah loveth not any treacherous ingrate.

٦- اِنَّ اللّٰهَ لَا يُحِبُّ كُلَّ خَوَّانٍ كَفُوْرٍ ○ (سورۃ الحج)

بے شک اللہ کسی دغاباز ناشکرے کو پسند نہیں کرتا

7. Surely He loveth not the proud.

٧- اِنَّهٗ لَا يُحِبُّ الْمُسْتَكْبِرِيْنَ ○ (سورۃ النحل)

بیشک وہ (خدا) غرور کرنے والوں کو (بالکل) پسند نہیں کرتا

8. Be not prodigal; surely He loveth not the prodigals.

٨- وَلَا تُسْرِفُوْا اِنَّهٗ لَا يُحِبُّ الْمُسْرِفِيْنَ ○ (سورۃ الانعام)

اور فضول خرچی نہ کرو، کیونکہ فضول خرچی کرنے والوں کو اللہ پسند نہیں کرتا

9. Surely Allah guideth not him who is a liar and ingrate.

٩- إِنَّ اللّٰهَ لَا يَهْدِيْ مَنْ هُوَ كٰذِبٌ كَفَّارٌ ○

بیشک جو شخص جھوٹا (اور) ناشکرا ہو خدا اُس کو (نیک) ہدایت نہیں دیا کرتا

پ ۲۳ الزمر

10. Surely Allah guideth not him who is a prodigal, a liar.

١٠- إِنَّ اللّٰهَ لَا يَهْدِيْ مَنْ هُوَ مُسْرِفٌ كَذَّابٌ ○

بیشک جو شخص حد سے بڑھا ہوا (اور) جھوٹا ہو خدا اُس کو (نیک) ہدایت نہیں دیا کرتا

پ ۲۴ المؤمن

11. Who ascribeth unto Allah associates, of a certainty he hath wandered far away (from the right path).

١١- وَ مَنْ يُّشْرِكْ بِاللّٰهِ فَقَدْ ضَلَّ ضَلٰلًا بَعِيْدًا ○

اور جس نے اللہ کے ساتھ شریک گردانا وہ راہ راست سے (بڑی) دُور بھٹک گیا

پ ۵ النساء

CHAPTER III

الباب الثالث

تیسرا باب

How the Muslim should behave towards his parents

ما يصنع المسلم بالوالدين

مسلمان کو ماں باپ کے ساتھ کس طرح پیش آنا چاہیئے

1. Be good to parents and to kindred and to orphans and the needy, and speak kindly to mankind; and establish Prayer and pay the poor-due.

١- وَبِالْوَالِدَيْنِ إِحْسَانًا وَّذِي الْقُرْبَىٰ

اور ماں باپ کے ساتھ سلوک کرتے رہنا اور رشتہ داروں اور

وَالْيَتَامَىٰ وَالْمَسَاكِينِ وَقُولُوا لِلنَّاسِ حُسْنًا

یتیموں اور محتاجوں کے ساتھ (بھی) اور لوگوں سے اچھی طرح (نرمی کے ساتھ)

وَأَقِيمُوا الصَّلَاةَ وَآتُوا الزَّكَاةَ

بات کرنا اور نماز پڑھتے اور زکوٰۃ دیتے رہنا

البقرة

2. Thy Lord hath decreed that ye worship none save Him, and (that ye show) kindness to parents.

٢- وَقَضَىٰ رَبُّكَ أَلَّا تَعْبُدُوا إِلَّا إِيَّاهُ وَ

اور تمہارے پروردگار نے حکم قطعی دے دیا ہے کہ (لوگو!) اسکے سوا کسی کی

بِالْوَالِدَيْنِ إِحْسَانًا

عبادت نہ کرنا اور والدین کے ساتھ حُسنِ سلوک سے پیش آنا

بنی اسرائیل

3. If one of them or both of them attain old age with thee, say not "Fie" unto them, nor repulse them, but speak unto them a gracious word.

٣- إِمَّا يَبْلُغَنَّ عِندَكَ الْكِبَرَ أَحَدُهُمَا أَوْ

(اے مخاطب!) اگر والدین میں سے ایک یا دونوں تیرے سامنے بڑھاپے کو پہنچیں

كِلَاهُمَا فَلَا تَقُل لَّهُمَا أُفٍّ وَلَا تَنْهَرْهُمَا

تو اُن کے آگے ہُوں بھی نہ کرنا اور نہ اُن کو جھڑکنا اور اُن سے (کچھ) کہنا

وَقُل لَّهُمَا قَوْلًا كَرِيمًا ۝

(سُننا) تو ادب کے ساتھ کہنا (سُننا)

بنی اسرائیل

4. And lower unto them the wing of submission through mercy, and say: My Lord! Have mercy on them both as they did care for me when I was little.

٤- وَاخْفِضْ لَهُمَا جَنَاحَ الذُّلِّ مِنَ
اور محبت سے خاکساری کا پہلو اُن کے آگے جھکائے رکھنا اور (اُن
الرَّحْمَةِ وَقُلْ رَّبِّ ارْحَمْهُمَا كَمَا
کے حق میں) دُعا کرتے رہنا کہ اے میرے پروردگار جس طرح انہوں نے مجھ
رَبَّيٰنِيْ صَغِيْرًا ۝
چھوٹے سے کو پالا ہے (اور میرے حال پر رحم کرتے رہے ہیں) اسی طرح تو بھی اُن پر اپنا رحم کرنا

پ ۱۵ بنی اسرائیل

5. Your Lord is Best Aware of what is in your minds; if ye are righteous then surely He is ever Forgiving unto those who turn (unto Him).

٥- رَبُّكُمْ اَعْلَمُ بِمَا فِيْ نُفُوْسِكُمْ ۭ اِنْ
لوگو! تمہارے دل کی بات کو تمہارا پروردگار خوب جانتا ہے اگر تم (حقیقت میں) سعادتمند
تَكُوْنُوْا صٰلِحِيْنَ فَاِنَّهٗ كَانَ لِلْاَوَّابِيْنَ
ہو اور اگر تم سے ماں باپ کے حق میں بھولے سے کوئی فروگذاشت بھی ہو گئی ہو تو وہ
غَفُوْرًا ۝
تم کو معاف کر دیگا کیونکہ وہ توبہ کرنے والوں (کی خطاؤں) کو معاف کرنیوالا ہے

پ ۱۵ بنی اسرائیل

Admonition about Parents' right and the Age of Weening

توصِیَةُ حَقِّ الْوَالِدَیْنِ وَمُدَّةُ الْفِصَالِ
ماں باپ کے حق کی تاکید اور دودھ چھوٹنے کی میعاد کیا ہے

6. And We enjoined upon man concerning his parents—his mother beareth him in weakness upon weakness, and his weening is in two years — that thou shouldst give thanks unto me and unto thy parents.

٦- وَوَصَّيْنَا الْاِنْسَانَ بِوَالِدَيْهِ ۚ حَمَلَتْهُ
اور ہم نے انسان کو اُسکے ماں باپ کے حق میں تاکید کی (کہ ہر حال میں اُن کا ادب ملحوظ رکھے) کہ اُسکی ماں
اُمُّهٗ وَهْنًا عَلٰى وَهْنٍ وَّفِصٰلُهٗ فِيْ
نے ضعف پر ضعف اُٹھا کر اسکو پیٹ میں رکھا اور (پیٹ میں رکھنے کے علاوہ کہیں) دو برس میں (جا کر)
عَامَيْنِ اَنِ اشْكُرْ لِيْ وَلِوَالِدَيْكَ ۭ
اُس کا دودھ چھوٹتا ہے (اسی لحاظ سے ہم نے انسان کو حکم دیا کہ ہمارا بھی شکرگذار ہو اور اپنے والدین کا بھی

پ ۲۱ لقمٰن

When parents should not be obeyed.

فِيمَا لَا يَجِبُ عَلَى الْوَلَدِ أَنْ يُطِيعَ وَالِدَيْهِ

ماں باپ کا کونسا کہنا نہ ماننا چاہیئے

7. We have enjoined on man kindness to parents; but if they strive to make thee join with Me that of which thou hast no knowledge then obey them not. Unto Me is your return and I shall tell you what ye used to do.

۷- وَوَصَّيْنَا الْإِنْسَانَ بِوَالِدَيْهِ حُسْنًا

اور ہم نے انسان کو اپنے ماں باپ کے ساتھ اچھا برتاؤ کرنے کا حکم دیا اور

وَإِنْ جَاهَدَاكَ لِتُشْرِكَ بِي مَا لَيْسَ لَكَ

(یہ بھی سمجھا دیا کہ) اگر ماں باپ تیرے درپے ہوں کہ تو ہمارا کسی کو شریک ٹھہرائے جس کے

بِهِ عِلْمٌ فَلَا تُطِعْهُمَا ؕ إِلَيَّ مَرْجِعُكُمْ

شریک خدا ہونے کی تیرے پاس کوئی معقول دلیل ہی نہیں تو (اس بات میں) ان کا کہنا نہ ماننا تم

فَأُنَبِّئُكُمْ بِمَا كُنْتُمْ تَعْمَلُونَ ۝

سب کو میری طرف لوٹ کر آنا ہے، پس میں تم کو جتلا دوں گا جو تم کرتے تھے

عنکبوت

When should the elders be obeyed

فِيمَا تَجِبُ الطَّاعَةُ لِلْكِبَارِ

بزرگوں کی پیروی کس حالت میں کرنی چاہیئے

8. And when it is said unto them; Follow that which Allah hath revealed, they say: We follow that wherein we found our fathers. What! Even though their fathers were wholly unintelligent and had no guidance?

۸- وَإِذَا قِيلَ لَهُمُ اتَّبِعُوا مَا أَنْزَلَ اللَّهُ

اور جب اُن (لوگوں) سے کہا جاتا ہے کہ جو حکم خدا نے اُتارا ہے اُس پر چلو تو جواب

قَالُوا بَلْ نَتَّبِعُ مَا أَلْفَيْنَا عَلَيْهِ آبَاءَنَا ؕ

دیتے ہیں نہیں جی ہم تو اسی (طریقے) پر چلینگے جس پر ہم نے اپنے بڑوں کو چلتے

أَوَلَوْ كَانَ آبَاؤُهُمْ لَا يَعْقِلُونَ شَيْئًا

ہوئے پایا بھلا اگر ان کے بڑے کچھ بھی نہ سمجھتے اور نہ راہ راست پر چلتے رہے ہوں

وَلَا يَهْتَدُونَ ۝

(تو بھی وہ ان ہی کی پیروی کئے چلے جائیں گے ؟)

البقرة

CHAPTER IV

اَلْبَابُ الرَّابِعُ

چوتھا باب

How Muslims should live in the World

كَيْفَ يَعِيْشُ الْمُسْلِمُوْنَ فِى الدُّنْيَا

مسلمانوں کو دنیا میں کس طرح رہنا چاہیئے

1. Say: Allah verily enjoineth not lewdness.

۱- قُلْ اِنَّ اللّٰهَ لَا يَاْمُرُ بِالْفَحْشَآءِ ط (پ۸ الاعراف)

(اے پیغمبر ان لوگوں سے) کہو کہ اللہ تو بے حیا کام کی اجازت نہیں دیتا

2. Say: My Lord enjoineth justice.

۲- قُلْ اَمَرَ رَبِّىْ بِالْقِسْطِ قف (پ۸ الاعراف)

(اے پیغمبر ان لوگوں سے) کہو کہ میرے پروردگار نے تو (ہمیشہ) ٹھیک (اور سچا کام) کا حکم دیا ہے

3. They repeat not knowingly what (wrong) they did.

۳- وَلَمْ يُصِرُّوْا عَلٰى مَا فَعَلُوْا وَهُمْ يَعْلَمُوْنَ ج (پ۴ آل عمران)

اور جو (بے جا بات) کر لیتے ہیں تو دیدہ و دانستہ اس پر اصرار نہیں کرتے

4. Enjoin the desirable and forbid the undesirable

۴- وَاْمُرْ بِالْمَعْرُوْفِ وَانْهَ عَنِ الْمُنْكَرِ ○ (پ۲۱ لقمان)

اور لوگوں کو اچھے کاموں (کے کرنے) کی نصیحت کیا کر اور برے کاموں سے منع کیا کر

In whom should Muslims trust

مَنْ يَتَوَكَّلُ الْمُسْلِمُوْنَ عَلَيْهِ

مسلمانوں کو کس پر بھروسہ کرنا چاہیئے

5. In Allah let believers put their trust.

۵- وَعَلَى اللّٰهِ فَلْيَتَوَكَّلِ الْمُؤْمِنُوْنَ ○ (پ۴ آل عمران)

اور مسلمانوں کو چاہیئے کہ اللہ ہی پر بھروسہ رکھیں

Whom should Muslims fear

مَنْ يَتَّقِيْهِ الْمُسْلِمُوْنَ

مسلمانوں کو کس سے ڈرنا چاہیئے

6. Fear Me, if ye are (true) believers.

۶- وَخَافُوْنِ اِنْ كُنْتُمْ مُّؤْمِنِيْنَ ○ (پ۴ آل عمران)

اور (سچے) مسلمان ہو تو ہمارا ہی ڈر رکھنا

Whose cause should Muslims support

مَنْ يَّنْصُرُهُ الْمُسْلِمُوْنَ

مسلمانوں کو کس کا مددگار بننا چاہیئے

O ye who believe! Be Allah's helpers.

يٰٓاَيُّهَا الَّذِيْنَ اٰمَنُوْا كُوْنُوْٓا اَنْصَارَ اللّٰهِ

مسلمانو! اللہ (کے دین) کے مددگار بنے رہو،

الصّف

What path should Muslims tread

اَيَّةَ سَبِيْلٍ يَّسْلُكُهَا الْمُسْلِمُوْنَ

مسلمانوں کو کس رستہ پر چلنا چاہیئے

This is the path of thy Lord, a straight path.

وَهٰذَا صِرَاطُ رَبِّكَ مُسْتَقِيْمًا ؕ ○

اور (اے پیغمبر) یہ (دین اسلام ہی) تمہارے پروردگار کا سیدھا رستہ ہے

الانعام

To whom should Muslims be thankful

مَنْ يَّشْكُرُ لَهُ الْمُسْلِمُوْنَ

مسلمانوں کو کس کا شکر ادا کرنا چاہیئے

Remember Me, I will remember you, and give thanks to Me and reject Me not.

فَاذْكُرُوْنِيْٓ اَذْكُرْكُمْ وَاشْكُرُوْا لِيْ

تو تم ہماری یاد میں لگے رہو کہ ہمارے ہاں بھی تمہارا ذکر (خیر) ہوتا رہے اور ہمارا شکر

وَلَا تَكْفُرُوْنِ ○

کرتے رہو اور ناشکری نہ کرو

البقرة

Whom should Muslims obey

مَنْ يُّطِيْعُهُ الْمُسْلِمُوْنَ

مسلمانوں کو کس کا حکم ماننا چاہیئے

1. And obey Allah and His Messenger if ye are (true) believers.

۱- وَاَطِيْعُوا اللّٰهَ وَرَسُوْلَهٗٓ اِنْ كُنْتُمْ مُّؤْمِنِيْنَ ○

اور اگر تم (سچے) مسلمان ہو تو اللہ اور اُس کے رسول ؐ کا حکم مانو

الانفال

2. Whoso opposeth Allah and His Messenger (for him) of a certainty Allah is

۲- وَمَنْ يُّشَاقِقِ اللّٰهَ وَرَسُوْلَهٗ فَاِنَّ اللّٰهَ

اور جو اللہ اور اُس کے رسول ؐ کی مخالفت کریگا تو اس کو ایسی ہی سزا ملیگی کیونکہ

Severe in (inflicting) punishment.

شَدِيْدُ الْعِقَابِ ۝

اللہ کی بڑی سخت مار ہے

پ ۱۰ الانفال

3. O ye who believe! Obey Allah, and obey the Messenger (of Allah) and those of you who are in authority.

۳- يٰۤاَيُّهَا الَّذِيْنَ اٰمَنُوْۤا اَطِيْعُوا اللّٰهَ وَاَطِيْعُوا

مسلمانو! اللہ کا حکم مانو اور رسولؐ کا حکم مانو، اور جو تم میں سے

الرَّسُوْلَ وَاُولِى الْاَمْرِ مِنْكُمْ ج

صاحب حکومت ہیں (اُن کا بھی)

پ ۵ النساء

In what things a Muslim should cooperate with the other Muslims

عَلٰى مَا يَتَعَاوَنُ الْمُسْلِمُوْنَ

کون سے کاموں میں مسلمان کو مسلمان کی مدد کرنی چاہیئے

And cooperate (with one another) in righteousness and piety.

وَتَعَاوَنُوْا عَلَى الْبِرِّ وَالتَّقْوٰى ص

اور نیکی اور پرہیزگاری (کے کاموں) میں ایک دوسرے کے مددگار ہو جاؤ

پ ۶ المائدہ

In what things a Muslim should not help another Muslim

عَلٰى مَا لَا يَتَعَاوَنُ الْمُسْلِمُوْنَ

کون سے کاموں میں مسلمان کو مسلمان کی مدد نہ کرنی چاہیئے

Help not one another in sin and transgression; and keep your duty unto Allah; surely Allah is Severe in (inflicting) punishment.

وَلَا تَعَاوَنُوْا عَلَى الْاِثْمِ وَالْعُدْوَانِ وَ

اور گناہ اور زیادتی (کے کاموں) میں ایک دوسرے کے مددگار نہ بنو، اور اللہ کے

اتَّقُوا اللّٰهَ ط اِنَّ اللّٰهَ شَدِيْدُ الْعِقَابِ ۝ ط

غضب سے ڈرو کیونکہ اللہ کا عذاب (بہت ہی) سخت ہے

پ ۶ المائدہ

What should Muslims hold fast to

مَا يَعْتَصِمُ بِهِ الْمُسْلِمُوْنَ

کیا چیز مسلمانوں کو مضبوطی سے پکڑے رہنا چاہیئے

1. He who holdeth

۱- وَمَنْ يَّعْتَصِمْ بِاللّٰهِ فَقَدْ هُدِيَ اِلٰى

جو شخص اللہ (کے دین) کو مضبوطی سے پکڑے رہے، تو وہ

fast unto Allah, he indeed is guided unto a right path.

صِرَاطٍ مُّسْتَقِيمٍ ۝

سیدھے رستے لگ گیا

2. Hold fast, all of you together to the cable of Allah, and do not split up; and remember the Favour of Allah upon you when you were enemies (unto each other) and He joined your hearts in love so that you became (like) brethren by His Grace.

۲- وَاعْتَصِمُوا بِحَبْلِ اللّٰهِ جَمِيعًا وَّلَا

اور سب (مل کر) مضبوطی سے اللہ (کے دین) کی رسّی کو پکڑے رہو اور ایک دوسرے

تَفَرَّقُوا ۖ وَاذْكُرُوا نِعْمَتَ اللّٰهِ عَلَيْكُمْ إِذْ

سے الگ نہ ہونا اور اللہ کا وہ احسان یاد کرو جب تم (ایک دوسرے کے)

كُنْتُمْ أَعْدَآءً فَأَلَّفَ بَيْنَ قُلُوبِكُمْ فَأَصْبَحْتُمْ

دشمن تھے، پھر اللہ نے تمہارے دلوں میں اُلفت پیدا کی اور تم اس کے

بِنِعْمَتِهٖٓ إِخْوَانًا ج

فضل سے بھائی (بھائی) ہو گئے

There should be a party among Muslims who should enjoin good deeds and forbid evil ones

لِتَكُنْ مِّنَ الْمُسْلِمِينَ طَائِفَةٌ يَّدْعُونَ

مسلمانوں میں ایک گروہ ایسا ہونا چاہیئے جو لوگوں کو نیک کام

إِلَى الْخَيْرِ وَيَنْهَوْنَ عَنِ الْمُنْكَرِ

کی طرف بلائے اور بُرے کاموں سے روکے

There should be among you a Party who should invite (people) to goodness and enjoin what is right and forbid what is evil—they are the ones (destined) to attain success.

وَلْتَكُنْ مِّنْكُمْ أُمَّةٌ يَّدْعُونَ إِلَى الْخَيْرِ

اور تم میں ایک ایسا گروہ ہونا چاہیئے جو (لوگوں کو) نیک کاموں کی طرف

وَيَأْمُرُونَ بِالْمَعْرُوفِ وَيَنْهَوْنَ عَنِ

بلائے اور اچھے کام کرنے کو کہے اور بُرے کاموں سے منع کرے

الْمُنْكَرِ ؕ وَأُولٰٓئِكَ هُمُ الْمُفْلِحُونَ ۝

اور ایسے ہی لوگ مُراد کو پہنچیں گے

سورۃ آل عمران

سورۃ آل عمران

Why are Muslims the best people

لِمَاذَا الْمُسْلِمُوْنَ خَيْرُ اُمَّةٍ

مسلمان سب سے بہتر اُمت کیوں ہیں ؟

You are the best people raised up for (the good of) mankind, you enjoin what is right and forbid what is undesirable, and you believe in Allah.

كُنْتُمْ خَيْرَ اُمَّةٍ اُخْرِجَتْ لِلنَّاسِ تَاْمُرُوْنَ

لوگوں (کی رہنمائی) کے لئے جس قدر امتیں پیدا ہوئیں ان میں تم (مسلمان)

بِالْمَعْرُوْفِ وَتَنْهَوْنَ عَنِ الْمُنْكَرِ وَ

سب سے بہتر ہو کہ اچھے (کام کرنے) کو کہتے اور بُرے (کاموں) سے منع کرتے

تُؤْمِنُوْنَ بِاللّٰهِ ؕ

اور اللہ پر ایمان رکھتے ہو

پ۴ آل عمران

How can a Muslim attain success

كَيْفَ يُفْلِحُ الْمُسْلِمُوْنَ

مسلمان اپنی مراد کو کس طرح پہنچ سکتا ہے ؟

O you who believe! Endure (all kinds of hardship), outdo all others in endurance, be ready, and fear Allah in order that ye may succeed.

يٰۤاَيُّهَا الَّذِيْنَ اٰمَنُوا اصْبِرُوْا وَصَابِرُوْا وَرَابِطُوْا

مسلمانو! صبر کرو اور ایک دوسرے کو صبر کی تعلیم دو اور آپس میں مل کر رہو

وَاتَّقُوا اللّٰهَ لَعَلَّكُمْ تُفْلِحُوْنَ ○

اور اللہ سے ڈرو تاکہ (آخر کار) تم (اپنی) مُراد کو پہنچو

پ۴ آل عمران

Who have the capacity for good behaviour

مَنْ يُّوَفَّقُ لِحُسْنِ الْخُلُقِ

حُسنِ مدارات کی توفیق کس کو دی جاتی ہے

None has this (capacity for good behaviour) save those who are stedfast; and none has this (capacity) save the very fortunate.

وَمَا يُلَقّٰىهَاۤ اِلَّا الَّذِيْنَ صَبَرُوْا ۚ وَمَا يُلَقّٰىهَاۤ

اور یہ حُسنِ مدارات کی توفیق انہی لوگوں کو دی جاتی ہے جو صبر کرتے ہیں اور یہ انہی

اِلَّا ذُوْ حَظٍّ عَظِيْمٍ ○

لوگوں کو دی جاتی ہے جن کے بڑے نصیب ہیں

پ۲۴ حٰمٓ السجدة

How can Muslims become a distinguished Nation

كَيْفَ يَفُوْزُ الْمُسْلِمُوْنَ بِالْعَلْيَاءِ فِي الْاَقْوَامِ

مسلمان کس طرح ممتاز قوم ہو سکتے ہیں

O ye who believe! If ye keep your duty to Allah, He will give you (the capacity for) discrimination (between right and wrong) and will remove from you (the effects of) your sins, and will forgive you, and (remember that) Allah is the Possessor of Infinite Bounty.

يٰٓاَيُّهَا الَّذِيْنَ اٰمَنُوْٓا اِنْ تَتَّقُوا اللّٰهَ يَجْعَلْ لَّكُمْ

مسلمانو! اگر تم خدا سے ڈرتے رہو گے تو وہ تمہارے لئے ایک امتیاز پیدا

فُرْقَانًا وَّيُكَفِّرْ عَنْكُمْ سَيِّاٰتِكُمْ وَيَغْفِرْ لَكُمْ ط

کردیگا اور تمہارے گناہ تم سے دُور کردے گا، اور آخرکار تم کو بخشے گا (بھی)

وَاللّٰهُ ذُو الْفَضْلِ الْعَظِيْمِ ○ پ۹ الانفال

اور اللہ بڑا فضل کرنے والا ہے

Who are the people destined to live a life of purity in the world

مَنْ لَّهٗ حَيٰوةٌ طَيِّبَةٌ فِي الدُّنْيَا

دنیا میں کن لوگوں کی زندگی اچھی بسر ہوتی ہے

Whoever does righteous deeds, whether a male or a female, and he is a Believer, surely We will give him a life of purity, and We will certainly bestow upon them their reward according to the best of what they used to do.

مَنْ عَمِلَ صَالِحًا مِّنْ ذَكَرٍ اَوْ اُنْثٰى وَهُوَ مُؤْمِنٌ

جو شخص نیک عمل کریگا مرد ہو یا عورت اور وہ ایمان بھی رکھتا ہو تو ہم

فَلَنُحْيِيَنَّهٗ حَيٰوةً طَيِّبَةً ج وَلَنَجْزِيَنَّهُمْ اَجْرَهُمْ

(دنیا میں بھی) اس کی زندگی اچھی طرح بسر کرائیں گے، اور اُن کو (آخرت میں بھی)

بِاَحْسَنِ مَا كَانُوْا يَعْمَلُوْنَ ○ پ۱۴ النحل

ان کے (ان) بہترین اعمال کا صلہ ضرور عطا فرمائینگے

Who inherit the Earth

مَنْ يَّرِثُ الْاَرْضَ

سلطنت کس کو ملتی ہے

And of a certainty We laid down in the Psalms, after the Message (given to

وَلَقَدْ كَتَبْنَا فِي الزَّبُوْرِ مِنْ بَعْدِ الذِّكْرِ اَنَّ

اور ہم زبور میں (پند و) نصیحت کے بعد یہ بات لکھ چکے ہیں کہ ہمارے

Moses) that the righteous among My servants shall inherit the earth.

Upon whom does Allah promise to bestow sovereignty

Allah hath promised unto those among you who believe and act righteously that He will, of a surety, grant them in the land inheritance (of power) as He granted it to those before you.

What will be the consequence of disobeying God

Behold! you are those invited to spend (your wealth) in Allah's way, but among you are some who are niggardly, and he who is niggardly is so at his own expense; and Allah is Free of all wants while you are needy; if then you turn back (from the right path) He will substitute in your stead another people;

(الانبیاء)

الْاَرْضَ يَرِثُهَا عِبَادِيَ الصّٰلِحُوْنَ ○

نیک بندے زمین (کی سلطنت) کے وارث ہونگے

مَنْ وَّعَدَ اللّٰهُ اَنْ يَّسْتَخْلِفَهُمْ فِي الدُّنْيَا

خدا کن لوگوں سے سلطنت دینے کا وعدہ کرتا ہے

وَعَدَ اللّٰهُ الَّذِيْنَ اٰمَنُوْا مِنْكُمْ وَعَمِلُوا الصّٰلِحٰتِ

تم میں سے جو لوگ ایمان لائے اور نیک عمل (بھی) کرتے ہیں اُن سے خدا

لَيَسْتَخْلِفَنَّهُمْ فِي الْاَرْضِ كَمَا اسْتَخْلَفَ

کا وعدہ ہے کہ (ایک نہ ایک دن) ان کو ملک کی خلافت (یعنی سلطنت) ضرور

الَّذِيْنَ مِنْ قَبْلِهِمْ ۠ص

(النور)

عنایت کرے گا جیسے اُن لوگوں کو عنایت کی تھی جو اُن سے پہلے ہو گذرے ہیں

كَيْفَ كَانَ اِنْ تَوَلَّيْتُمْ عَنْ اَمْرِ اللّٰهِ

اگر خدا کے حکم سے روگردانی کروگے تو تمہاری سلطنت کا کیا حال ہوگا

هٰاَنْتُمْ هٰؤُلَآءِ تُدْعَوْنَ لِتُنْفِقُوْا فِيْ سَبِيْلِ

تم لوگ سُن رکھو کہ تم (تو) ایسے (دل کے تنگ) ہو کہ تم کو اللہ کے راستے میں (اپنے

اللّٰهِ ۚ فَمِنْكُمْ مَّنْ يَّبْخَلُ ۚ وَمَنْ يَّبْخَلْ فَاِنَّمَا

قومی فائدے کیلئے) خرچ کرنے کو بُلایا جاتا ہے اس پر بھی تم میں ایسے (بھی)

يَبْخَلُ عَنْ نَّفْسِهٖ ۗ وَاللّٰهُ الْغَنِيُّ وَاَنْتُمُ

ہیں جو بخل کرتے ہیں جو بخل کرتا ہی تو حقیقت میں اپنے سے بخل کرتا ہے

الْفُقَرَآءُ ۚ وَاِنْ تَتَوَلَّوْا يَسْتَبْدِلْ قَوْمًا

ورنہ اللہ تو بے نیاز ہی، اور تم (اس کے محتاج ہو) اگر تم (حکم خدا سے)

then they would not act like you.

غَيْرَكُمْ ثُمَّ لَا يَكُونُوٓا أَمْثَالَكُمْ ○ (سورۃ محمد)

روگردانی کروگے تو خدا تمہارے سوا دوسرے لوگوں کو تمہاری جگہ بٹھائیگا اور وہ تم جیسے رنگ ڈھنگ کے نہیں ہونگے

Should a Muslim be insolent

هَلْ يَجُوزُ لِلْمُسْلِمِ أَنْ يُصَعِّرَ

کیا مسلمان کو بے رُخی کرنا جائز ہے؟

Turn not thy face away from the people insolently.

وَلَا تُصَعِّرْ خَدَّكَ لِلنَّاسِ ۵ (سورۃ لقمان)

اور لوگوں سے بے رُخی نہ کر

Should a Muslim be arrogant and boastful

أَيَجُوزُ لِلْمُسْلِمِ أَنْ يَكُونَ مَرِحًا وَّمُخْتَالًا

کیا مسلمان کو اترانا اور شیخی کرنا جائز ہے؟

1. Walk not in the land haughtily; surely Allah liketh not the arrogant boaster.

١- وَلَا تَمْشِ فِي الْأَرْضِ مَرَحًا ط إِنَّ اللّٰهَ

اور زمین پر اترا کر نہ چل (کیونکہ) اللہ

لَا يُحِبُّ كُلَّ مُخْتَالٍ فَخُورٍ ۵ (سورۃ لقمان)

کسی اترانے والے شیخی خورے کو پسند نہیں کرتا

2. So that you grieve not for what has escaped you, nor exult in that which He has given you; and (remember) Allah loveth not any arrogant boaster.

٢- لِكَيْلَا تَأْسَوْا عَلٰى مَا فَاتَكُمْ وَلَا تَفْرَحُوا

(اور یہ ہم نے تم کو اس لئے جتا دیا ہے) کہ کوئی چیز تم سے جاتی رہے تو اس کا رنج نہ کرو

بِمَآ اٰتٰكُمْ ط وَاللّٰهُ لَا يُحِبُّ كُلَّ مُخْتَالٍ فَخُورٍ ○ (سورۃ الحدید)

اور کوئی نعمت خدا تم کو عطا کرے تو اس پر مت اتراؤ اور اللہ کسی اترانے والے شیخی باز کو پسند نہیں کرتا

How should a Muslim walk

كَيْفَ يَمْشِي الْمُسْلِمُ

مسلمان کو کس طرح چلنا چاہیے

1. And walk not in the earth haughtily, (for) of a certainty thou canst not

١- لَا تَمْشِ فِي الْأَرْضِ مَرَحًا ج إِنَّكَ لَنْ

زمین پر اکڑ کر نہ چلا کر کیونکہ (اس دھج کے ساتھ چلنے سے) تو زمین کو

rend the earth, nor canst thou reach the mountains in height. The evil of all that is hateful in the sight of thy Sustainer.

تَخْرِقَ الْاَرْضَ وَلَنْ تَبْلُغَ الْجِبَالَ طُوْلًا۝

پھاڑ نہیں سکے گا، اور نہ (تن کر چلنے سے) پہاڑوں کی لمبائی کو پہنچ سکے گا

كُلُّ ذٰلِكَ كَانَ سَيِّئُهٗ عِنْدَ رَبِّكَ مَكْرُوْهًا۝ (بنی اسرائیل)

ان سب باتوں کی بُرائی تمہارے پروردگار کو ناپسند ہے

2. And be modest in thy bearing.

٢- وَاقْصِدْ فِيْ مَشْيِكَ (لقمان)

اور اپنی رفتار میں میانہ روی اختیار کر

How A Muslim should talk

كَيْفَ يَتَكَلَّمُ الْمُسْلِمُ وَ

مسلمان کو بات چیت کیسے کرنی چاہیئے اور

عَمَّاذَا يَجْتَنِبُ فِي الْكَلَامِ

بات چیت میں کن باتوں سے پرہیز کرنا چاہیئے

And subdue thy voice, for verily the harshest of all voices is the voice of the ass.

وَاغْضُضْ مِنْ صَوْتِكَ ؕ اِنَّ اَنْكَرَ الْاَصْوَاتِ

اور (کسی سے بات کرے تو) آہستہ سے بول (کیونکہ) آوازوں میں بُری سے بُری

لَصَوْتُ الْحَمِيْرِ۝ (لقمان)

(آواز) گدھوں کی آواز ہے

Slander and defamation

فِي الْهَمْزِ وَاللَّمْزِ

عیب چینی اور آوازے کسنا

Woe unto every slanderer (and) defamer!

وَيْلٌ لِّكُلِّ هُمَزَةٍ لُّمَزَةِ۝ (الھمزۃ)

ہر شخص جو لوگوں کی عیب چینی کرتا اور اُن پر آوازے کستا ہے اس کی بڑی تباہی ہے

Derision

فِي السُّخْرِ

مضحکہ

O ye who believe! let not a folk deride another folk who may be better than (they), nor let women deride (other) women who may be better than they (are).

يٰٓاَيُّهَا الَّذِيْنَ اٰمَنُوْا لَا يَسْخَرْ قَوْمٌ مِّنْ قَوْمٍ

مسلمانو! مرد مردوں پر نہ ہنسیں عجب نہیں کہ (جن پر ہنستے ہیں) وہ (خدا

عَسٰٓى اَنْ يَّكُوْنُوْا خَيْرًا مِّنْهُمْ وَلَا نِسَآءٌ

کے نزدیک) اُن سے بہتر ہوں، اور نہ عورتیں عورتوں پر (ہنسیں) عجب

مِّنْ نِّسَآءٍ عَسٰٓى اَنْ يَّكُنَّ خَيْرًا مِّنْهُنَّ

نہیں کہ (جن پر ہنستی ہیں) وہ اُن سے بہتر ہوں

Nicknames

فِي التَّلَاعُنِ وَالتَّنَابُزِ

طعنہ اور نام دھرنا

And insult not one another by nicknames. Evil is a bad name after (accepting) faith. And whoso turneth not in repentance, such are evildoers.

وَلَا تَلْمِزُوْٓا اَنْفُسَكُمْ وَلَا تَنَابَزُوْا بِالْاَلْقَابِ

اور آپس میں ایک دوسرے کو طعنے نہ دو، اور نہ ایک دوسرے کو نام دھرو

بِئْسَ الِاسْمُ الْفُسُوْقُ بَعْدَ الْاِيْمَانِ وَمَنْ

ایمان لانے کے بعد بدتہذیبی کا نام ہی بُرا ہے اور جو ان حرکات سے

لَّمْ يَتُبْ فَاُولٰٓئِكَ هُمُ الظّٰلِمُوْنَ ۝

باز نہ آئیں تو وہی (خدا کے نزدیک) ظالم ہیں

Spying and backbiting

فِي التَّجَسُّسِ وَالْغِيْبَةِ

ٹٹول اور غیبت

And spy not, neither backbite one another, would one of you love to eat

وَلَا تَجَسَّسُوْا وَلَا يَغْتَبْ بَّعْضُكُمْ بَعْضًا

اور ایک دوسرے کی ٹٹول میں نہ رہا کرو اور نہ تم میں سے ایک کو ایک پیٹھ پیچھے

أَيُحِبُّ أَحَدُكُمْ أَنْ يَأْكُلَ لَحْمَ أَخِيهِ

بُرا کہے بھلا تم میں سے کوئی (اس بات کو) گوارا کریگا کہ اپنے مرے ہوئے بھائی کا

مَيْتًا فَكَرِهْتُمُوهُ ۚ وَاتَّقُوا اللَّهَ ۚ إِنَّ اللَّهَ

گوشت کھائے ۔ یہ تو (یقیناً) تم کو گوارا نہیں (تو غیبت کیوں گوارا ہو کہ یہ بھی ایک

تَوَّابٌ رَّحِيمٌ ○

(قسم کا مردار کھانا ہے) اور اللہ (کے غضب) سے ڈرتے رہو کہ بیشک اللہ بڑا توبہ قبول کرنیوالا ہے بڑی رحمت والا ہے

(الحجرات ۱۲)

the flesh of his dead brother? Ye abhor that. And fear Allah; surely Allah is Relenting, Merciful.

مَتَى يَجُوزُ لِلْمُسْلِمِ الْجَهْرُ بِالسُّوءِ مِنَ الْقَوْلِ

مسلمان کس حالت میں کسی کو منہ پھوڑ کر بُرا کہہ سکتا ہے

When can a Muslim speak against any one loudly

لَا يُحِبُّ اللَّهُ الْجَهْرَ بِالسُّوءِ مِنَ الْقَوْلِ

اللہ کو پسند نہیں کہ کوئی (کسی کو) منہ پھوڑ کر بُرا کہے مگر وہ جس پر (کسی طرح کا) ظلم

إِلَّا مَنْ ظُلِمَ ۚ وَكَانَ اللَّهُ سَمِيعًا

ہوا ہو (اور وہ ظالم کو منہ پھوڑ کر بُرا کہہ بیٹھے تو معذور ہے) اور اللہ (سب کی باتیں) سنتا

عَلِيمًا ○

(اور سب کچھ) جانتا ہے

(النساء ۱۴۸)

Allah loveth not the utterance of harsh speech save by one who hath been wronged; and Allah is Hearer, Knower.

هَلْ يَجُوزُ لِلْمُسْلِمِ كَثْرَةُ السُّؤَالِ

کیا مسلمان کو کرید کرید کر باتیں پوچھنا جائز ہے

Should a Muslim ask questions unnecessarily

يَا أَيُّهَا الَّذِينَ آمَنُوا لَا تَسْأَلُوا عَنْ أَشْيَاءَ

مسلمانو! بہت باتیں کرید کرید کر نہ پوچھا کرو کہ اگر تم پر ظاہر کر دی جائیں

إِنْ تُبْدَ لَكُمْ تَسُؤْكُمْ ۚ

تو تم کو بُری لگیں

(المائدة ۱۰۱)

O ye who believe! Ask not of things which, if they were made known unto you, would cause you trouble.

When is conspiracy allowed and when not allowed

O ye who believe! When ye conspire together, conspire not together for crime and wrong-doing and disobedience toward the Messenger (of Allah), but conspire together for righteousness and piety, and keep your duty toward Allah, unto Whom ye will be gathered. Verily conspiracy is only of the devil, that he may vex those who believe, but he can harm them not at all unless by Allah's leave, and in Allah let believers put their trust.

مَتٰى يَجُوْزُ النَّجْوٰى وَمَتٰى لَا يَجُوْزُ

کانا پھوسی کس حال میں جائز ہے اور کس حال میں ناجائز

يٰۤاَيُّهَا الَّذِيْنَ اٰمَنُوْۤا اِذَا تَنَاجَيْتُمْ فَلَا تَتَنَاجَوْا

مسلمانو! جب تم ایک دوسرے کے کان میں بات کرو تو گناہ کی اور (لوگوں پر

بِالْاِثْمِ وَالْعُدْوَانِ وَمَعْصِيَتِ الرَّسُوْلِ

بے جا زیادتی کرنے کی اور رسول کی نافرمانی کی باتیں ایک دوسرے کے کان میں

وَتَنَاجَوْا بِالْبِرِّ وَالتَّقْوٰى ۭ وَاتَّقُوا اللّٰهَ الَّذِيْٓ

نہ کیا کرو (ہاں کسی مصلحت سے) نیکی اور پرہیزگاری کی باتیں ایکدوسرے کے کان میں کہہ لو تو

اِلَيْهِ تُحْشَرُوْنَ ۝ اِنَّمَا النَّجْوٰى مِنَ الشَّيْطٰنِ

مضائقہ نہیں) اور اللہ سے ڈرتے رہو جس کے حضور میں تم سب قیامت کے دن حساب کے لئے جمع کئے جاؤ گے کانا پھوسی

لِيَحْزُنَ الَّذِيْنَ اٰمَنُوْا وَلَيْسَ بِضَاۗرِّهِمْ شَيْـًٔا

تو بس ایک شیطانی حرکت ہے تاکہ مسلمان اسکی وجہ سے آزردہ خاطر ہوں حالانکہ بے اذنِ خدا

اِلَّا بِاِذْنِ اللّٰهِ ۭ وَعَلَى اللّٰهِ فَلْيَتَوَكَّلِ الْمُؤْمِنُوْنَ ۝

(کسی کی کانا پھوسی) اُن کو کچھ نقصان نہیں پہنچا سکتی اور مسلمانوں کو چاہیئے کہ اللہ ہی پر بھروسہ رکھیں

How far suspicion is allowed

O ye who believe! Avoid suspicion in most cases, for surely suspicion in some cases is a sin.

الارتياب المسلم

مسلمان کو کس حد تک شک کرنا جائز ہے

يٰۤاَيُّهَا الَّذِيْنَ اٰمَنُوا اجْتَنِبُوْا كَثِيْرًا مِّنَ

مسلمانو! (لوگوں کی نسبت) بہت شک کرنے سے بچتے رہو کیونکہ بعض شک

الظَّنِّ ۡ اِنَّ بَعْضَ الظَّنِّ اِثْمٌ

(داخلِ) گناہ ہیں

The consequence of Maligning

ما على احد اذا اتّهم

کسی پر تہمت لگانے سے کیا ہوتا ہے

And those who harm believing men and believing women undeservedly they bear the guilt of slander and manifest sin.

وَالَّذِيْنَ يُؤْذُوْنَ الْمُؤْمِنِيْنَ وَالْمُؤْمِنٰتِ

اور جو لوگ مسلمان مردوں اور مسلمان عورتوں کو بے اس کے کہ انہوں نے قصور

بِغَيْرِ مَا اكْتَسَبُوْا فَقَدِ احْتَمَلُوْا بُهْتَانًا وَّ

کیا (ناحق تہمت لگا کر) ایذا دیتے ہیں تو وہ (جھوٹ) طوفان اور صریح گناہ کا بوجھ

اِثْمًا مُّبِيْنًا ۝ پ۲۲ الاحزاب

(اپنی گردن پر) لیتے ہیں

What is the result of attributing one's own faults to others

ما على احد اذا رمى باثمه غيره

خود کر کے دوسروں پر الزام تھوپنے سے کیا ہوتا ہے

And whoever committeth a delinquency or crime, then throweth (the blame thereof upon the innocent, hath burdened himself with falsehood and a flagrant crime.

وَمَنْ يَّكْسِبْ خَطِيْٓئَةً اَوْ اِثْمًا ثُمَّ يَرْمِ

اور جو شخص کسی خطا یا گناہ کا مرتکب ہو پھر وہ اپنے قصور کو کسی بے گناہ پر

بِهٖ بَرِيْٓــًٔا فَقَدِ احْتَمَلَ بُهْتَانًا وَّاِثْمًا

تھوپ دے تو اُس نے بہتان اور گناہ صریح کا بوجھ (اپنی

مُّبِيْنًا ۝ پ۵ النساء ۴

گردن پر) لادا

What should be the Muslim's attitude towards indecencies

ما على المسلم في الفواحش

بیحیائی کی باتوں کے متعلق مسلمان کو کیا کرنا چاہیے

And draw not nigh to lewd things whether open or concealed.

وَلَا تَقْرَبُوا الْفَوَاحِشَ مَا ظَهَرَ مِنْهَا وَمَا بَطَنَ پ۸ الانعام

اور بیحیائی کی باتیں جو ظاہر ہوں اور جو پوشیدہ ہوں ان میں سے کسی کے پاس نہ پھٹکنا ۹

What should the Muslim do when faced with idle pursuits

كيف يمر المسلم باللغو

بیہودہ مشاغل سامنے ہوں تو مسلمان کو کیا کرنا چاہیئے

And when they pass near senseless play, they pass by with dignity.

وَإِذَا مَرُّوا بِاللَّغْوِ مَرُّوا كِرَامًا

اور جب (اتفاقاً) بیہودہ مشغلوں کے پاس ہو کر گزریں تو وضعداری کے ساتھ گزر جائیں

پ۱۹ الفرقان

How the Muslim should behave towards the ignorant

كيف يعامل المسلم مع الجاهلين

مسلمانوں کو جاہلوں سے کس طرح پیش آنا چاہیئے

And keep to forgiveness, and enjoin kindness, and turn away from the ignorant.

خُذِ الْعَفْوَ وَأْمُرْ بِالْعُرْفِ وَأَعْرِضْ عَنِ

(اے پیغمبر) درگزر (کا شیوہ) اختیار کرو اور (لوگوں سے) نیک کام کرنے کو کہو اور

الْجَاهِلِينَ ○

جاہلوں سے کنارہ کش رہو

پ۹ الاعراف

What should the Muslim do when the ignorant address him

ماذا يفعل المسلم إذا خاطبه الجاهلون

جاہل جہالت کی باتیں کریں تو مسلمان کو کیا کرنا چاہیئے

The faithful slaves of the Benefi.cent are they who walk upon the earth modestly, and when the ignorant address them they say: Peace.

وَعِبَادُ الرَّحْمَٰنِ الَّذِينَ يَمْشُونَ عَلَى الْأَرْضِ

اور خدا کے (خاص) بندے تو وہ ہیں جو زمین پر فروتنی کے ساتھ چلیں

هَوْنًا وَإِذَا خَاطَبَهُمُ الْجَاهِلُونَ قَالُوا سَلَامًا ○

اور جب جاہل اُن سے (جہالت کی) باتیں کرنے لگیں تو انکو سلام کریں (اور الگ ہو جائیں)

پ۱۹ الفرقان

Should the Muslim follow anything unintelligently

هل يجوز للمسلم أن يقفو ما ليس له به علم

کیا مسلمان کو کسی بات کے پیچھے اٹکل پچو ہو لینا جائز ہے

And follow not that whereof thou hast no knowledge.

وَلَا تَقْفُ مَا لَيْسَ لَكَ بِهِ عِلْمٌ إِنَّ السَّمْعَ وَ

اور (اے مخاطب) جس بات کا تجھ کو علم (یقینی) نہیں (اٹکل پچو) اسکے پیچھے نہ ہو لیا کر

Verily the hearing and the sight and the heart — of each of these it will be asked.

البصر والفؤاد كل أولئك كان عنه مسئولا ۝

کیونکہ کان اور آنکھ اور دل ان سب سے (قیامت کے دن) پوچھ گچھ ہونی ہے

بنی اسرائیل

What should the Muslims do on hearing unauthentic news

ما على المسلمين ان جاءهم نبأ

مسلمانوں کو کوئی خبر سن کر کیا کرنا چاہیے

O ye who believe! If an evil-liver bring you tidings, verify it, lest ye smite some folk in ignorance and afterward repent of what ye did.

يا أيها الذين آمنوا إن جاءكم فاسق بنبإ

مسلمانو! اگر کوئی بد (ذات) تمہارے پاس کوئی خبر لائے تو اچھی طرح (اس کو)

فتبينوا أن تصيبوا قوما بجهالة فتصبحوا

تحقیق کر لیا کرو (ایسا نہ ہو) کہ نادانی سے تم کسی قوم پر جا پڑو، پھر اپنے

على ما فعلتم نادمين ۝

کیے پر پشیمان ہو

الحجرات

How should the Muslims behave towards those who offer peace

ماذا يفعل المسلمون بالذين القوا اليهم السلم

پیغام صلح بھیجنے والوں سے مسلمانوں کو کیا سلوک کرنا چاہیے

And (as for) those who offer peace, Allah alloweth you no way against them.

وألقوا إليكم السلم فما جعل الله لكم

اور جو لوگ تمہاری طرف (پیغام) صلح ڈالیں تو ایسے لوگوں پر (دست درازی کرنے کا)

عليهم سبيلا ۝

تمہارے لیے اللہ نے کوئی رستہ نہیں رکھا

النساء

What a Muslim should do when Divine Commandments are derided

ماذا يفعل المسلم عند الاستهزاء بآيات الله

اللہ کی آیتوں کی ہنسی اڑائی جائے تو مسلمانوں کو کیا کرنا چاہیے

He hath already revealed unto you in the Scripture that,

وقد نزل عليكم في الكتاب أن إذا سمعتم

حالانکہ تم (مسلمانو) پر اللہ اپنی کتاب (یعنی قرآن) میں یہ حکم نازل کر چکا ہے

when ye hear the Revelations of Allah being rejected and derided, (ye) sit not with them (those who disbelieve and mock) until they engage in some other conversation. Surely in that case (if ye stayed) ye would be like unto them.

اٰيٰتِ اللّٰهِ يُكْفَرُ بِهَا وَيُسْتَهْزَاُ بِهَا فَلَا تَقْعُدُوْا

کہ جب تم اپنے کانوں سے سنو کہ اللہ کی آیتوں سے انکار کیا جا رہا ہے اور انکی ہنسی اڑائی

مَعَهُمْ حَتّٰى يَخُوْضُوْا فِيْ حَدِيْثٍ غَيْرِهٖٓ ۚ

جا رہی ہے تو ایسے لوگوں کے ساتھ مت بیٹھو یہانتک کہ وہ کسی دوسری بات میں

اِنَّكُمْ اِذًا مِّثْلُهُمْ ۭ النسآء

لگ جائیں (ورنہ اس صورت میں تم بھی انہی جیسے (کافر) ہو جاؤ گے

Social etiquette for Muslims

مَا هِيَ آدَابُ الْمَجَالِسِ لِلْمُسْلِمِيْنَ

مسلمانوں کے لئے آداب مجلس کیا ہیں

1. O ye who believe! when it is said unto you, Make room in assemblies, then do make room; Allah will make way for you (Hereafter). And when it is said, Come up higher, go up higher. Allah will exalt those who believe among you, and those who have knowledge, to high ranks. Allah is Informed of what ye do.

١- يٰٓاَيُّهَا الَّذِيْنَ اٰمَنُوْٓا اِذَا قِيْلَ لَكُمْ تَفَسَّحُوْا

مسلمانو! جب تم سے کہا جائے کہ مجلس میں کھل کھل کر بیٹھو تو کھل کر

فِي الْمَجٰلِسِ فَافْسَحُوْا يَفْسَحِ اللّٰهُ لَكُمْ ۚ وَاِذَا

بیٹھا کرو، کہ خدا (بہشت میں) تم کو بافراغت جگہ دیگا اور جب تم سے

قِيْلَ انْشُزُوْا فَانْشُزُوْا يَرْفَعِ اللّٰهُ الَّذِيْنَ اٰمَنُوْا

کہا جائے کہ (اپنی جگہ سے) اُٹھ کھڑے ہو (اور دوسری جگہ جا بیٹھو) تو اُٹھ کھڑے

مِنْكُمْ ۙ وَالَّذِيْنَ اُوْتُوا الْعِلْمَ دَرَجٰتٍ ۭ وَاللّٰهُ

ہوا کرو کہ تم لوگوں میں جو (پورا پورا) ایمان لائے اور جن کو علم (مجلس) دیا گیا ہے (اور وہ آداب

بِمَا تَعْمَلُوْنَ خَبِيْرٌ ۝ المجادلة

مجلس بھی ملحوظ رکھتے ہیں) اللہ انکے درجے بلند کریگا اور جو کچھ تم کرتے ہو اللہ کو اسکی خبر ہے

2. Thy raimant purify. And pollution shun.

٢- وَثِيَابَكَ فَطَهِّرْ ۝ وَالرُّجْزَ فَاهْجُرْ ۝ المدثر

اور اپنے کپڑوں کو خوب (اچھی طرح) پاک (وصاف) رکھو اور نجاست سے الگ رہو

How should Muslims argue

Call unto the way of thy Lord with wisdom and fair exhortation, and argue with them in the best (possible) way.

What is salutation

When ye enter homes, salute one another with a greeting from Allah, blessed and sweet. Thus Allah maketh clear His Revelations for you, that haply ye may understand.

How to return the salutation

When ye are greeted with a greeting, greet ye with (a greeting) better than that or return it (as such). Surely Allah taketh count of all things.

كَيْفَ يُجَادِلُ الْمُسْلِمُوْنَ

مسلمانوں کو بحث کیسے کرنی چاہئے

ادْعُ إِلَى سَبِيلِ رَبِّكَ بِالْحِكْمَةِ وَالْمَوْعِظَةِ

(اے پیغمبر) لوگوں کو عقل کی باتوں اور اچھی اچھی نصیحتوں سے اپنے پروردگار کے

الْحَسَنَةِ وَجَادِلْهُمْ بِالَّتِي هِيَ أَحْسَنُ ط (النحل ۱۲۵)

رستہ کی طرف بلاؤ اور انکے ساتھ بحث بھی کرو (تو) ایسے طور پر کہ وہ (لوگوں کے نزدیک) بہت

مَا هُوَ السَّلَامُ

سلام کیا چیز ہے

فَإِذَا دَخَلْتُمْ بُيُوتًا فَسَلِّمُوا عَلَى أَنْفُسِكُمْ

تو جب گھروں میں جانے لگو تو اپنے (لوگوں) کو سلام کر لیا کرو (سلام ایک) دعائے خیر

تَحِيَّةً مِّنْ عِنْدِ اللّٰهِ مُبَارَكَةً طَيِّبَةً ط كَذٰلِكَ

ہے (جو تم مسلمانوں کو) خدا کی طرف سے (تعلیم کی گئی ہی) برکت والی عمدہ، یوں

يُبَيِّنُ اللّٰهُ لَكُمُ الْاٰيٰتِ لَعَلَّكُمْ تَعْقِلُوْنَ ○ (النور ۶۱)

اللہ (اپنے) احکام کھول کھول کر بیان کرتا ہے تاکہ تم سمجھو

كَيْفَ يُرَدُّ السَّلَامُ

سلام کا جواب کیسے دینا چاہئے

وَإِذَا حُيِّيْتُمْ بِتَحِيَّةٍ فَحَيُّوا بِأَحْسَنَ مِنْهَا

اور (مسلمانو) جب تم کو کسی طرح پر سلام کیا جائے تو تم (اسکے جواب میں) اس سے بہتر (طور پر)

أَوْ رُدُّوهَا ط إِنَّ اللّٰهَ كَانَ عَلٰى كُلِّ شَيْءٍ حَسِيبًا ○ (النساء ۸۶)

سلام کرو یا کم سے کم) ویسا ہی جواب دو، اللہ ہر چیز کا حساب لینے والا ہے

Admonition about "If Allah will"

And say not of anything: Lo! I shall do that tomorrow, except that if Allah will. And remember thy Lord when thou forgettest, and say: It may be that my Lord guideth me unto a nearer way of truth than this.

مَا الْحُكْمُ فِي الْاِسْتِثْنَاءِ

"اِن شاء الله" کی نسبت کیا تاکید ہے

وَلَا تَقُوْلَنَّ لِشَایْءٍ اِنِّیْ فَاعِلٌ ذٰلِكَ غَدًا ۙ

اور کسی چیز کی نسبت (یہ) نہ کہا کرو کہ میں اس (کام) کو کل کر دونگا مگر (ہاں یوں

اِلَّآ اَنْ يَّشَآءَ اللّٰهُ ۫ وَاذْكُرْ رَّبَّكَ اِذَا نَسِيْتَ

کہا کرو کہ) خدا چاہے تو (اس کام کو کل کر دونگا) اور اگر (انشاء اللہ کہنا) کبھی بھول

وَقُلْ عَسٰٓى اَنْ يَّهْدِيَنِ رَبِّيْ لِاَقْرَبَ مِنْ

جایا کرو تو (جب یاد آجائے انشاء اللہ کہنے سے) اپنے پروردگار کو یاد کر لیا کرو اور

هٰذَا رَشَدًا ○

کہہ دو امید ہے کہ میرا پروردگار اس سے زیادہ رو براہ بات مجھ کو بتائے،

پ۱۵ الکهف

How a Muslim should meet evil

1. And those who, when great wrong is done to them, defend themselves. The guerdon of an ill-deed is an ill the like thereof. But whosoever pardoneth and amendeth, his wage is the affair of Allah. Surely He loveth not wrong-doers.

مَاذَا يَفْعَلُ الْمُسْلِمُ اِذَا اَصَابَهُ الْبَغْيُ

مسلمان کے ساتھ برائی کی جائے تو کیا کرنا چاہیئے

۱- وَالَّذِيْنَ اِذَآ اَصَابَهُمُ الْبَغْيُ هُمْ يَنْتَصِرُوْنَ ○

اور جو ایسے (غیرت مند) ہیں کہ جب اُن پر کسی طرف سے) بے جا زیادتی ہوتی ہے

وَجَزٰٓؤُا سَيِّئَةٍ سَيِّئَةٌ مِّثْلُهَا ۚ فَمَنْ عَفَا

تو (واجبی) بدلہ لیتے ہیں اور بُرائی کا بدلہ تو ویسی ہی برائی ہے (اس پر بھی) جو معاف کر دے

وَاَصْلَحَ فَاَجْرُهٗ عَلَى اللّٰهِ ۭ اِنَّهٗ لَا يُحِبُّ

اور صلح کر لے تو اس کا ثواب اللہ کے ذمے ہے، بیشک وہ ظلم کرنیوالوں کو

الظّٰلِمِيْنَ ○

پسند نہیں کرتا

پ۲۵ الشوری

2. The good deed and the evil deed are not alike. Repel the evil deed with one which is better; then lo! he, between whom and thee there was enmity, (will become) as though he were a bosom friend.

٢- وَلَا تَسْتَوِي الْحَسَنَةُ وَلَا السَّيِّئَةُ ادْفَعْ

اور اے پیغمبر! نیکی اور بدی برابر نہیں ہو سکتی، برائی کا دفعیہ ایسے برتاؤ سے

بِالَّتِي هِيَ أَحْسَنُ فَإِذَا الَّذِي بَيْنَكَ وَبَيْنَهُ

کرو کہ وہ (دیکھنے والوں کی نظر میں) بہت اچھا ہو اگر ایسا کرو گے تو تم دیکھو گے کہ تم

عَدَاوَةٌ كَأَنَّهُ وَلِيٌّ حَمِيمٌ ○

میں اور کسی شخص میں عداوت تھی تو اب گویا ایک دم سے وہ (تمہارا) دلسوز دوست ہے

پ ۲۴ حٰم السجدۃ ۳۴

3. If ye do good openly or keep it secret, or forgive evil, surely Allah is Ever-Forgiving, Powerful.

٣- إِنْ تُبْدُوا خَيْرًا أَوْ تُخْفُوهُ أَوْ تَعْفُوا

بھلائی کھلم کھلا کرو یا چھپا کر کرو یا تمہارے ساتھ کوئی برائی کرے اور تم برائی سے

عَنْ سُوءٍ فَإِنَّ اللَّهَ كَانَ عَفُوًّا قَدِيرًا ○

درگذر کرو (کہ یہ بھی ایک قسم کی بھلائی ہے) تو اللہ بھی لوگوں کے ساتھ بھلائی ہی کرتا ہے کہ باوجود قدرت کے

پ ۶ النساء ۱۴۹

4. And verily whoso is patient and forgiveth — surely that, is (of) the stedfast heart of things.

٤- وَلَمَنْ صَبَرَ وَغَفَرَ إِنَّ ذَٰلِكَ لَمِنْ

اور جو شخص صبر کرے اور دوسرے کی خطا بخش دے تو بے شک بڑی ہمت

عَزْمِ الْأُمُورِ ○

کا کام ہے

پ ۲۵ الشورٰی ۴۳

The consequences of evil-doing

مَا جَزَاءُ السُّوءِ

بدی کی سزا کیا ہے؟

1. And whoever does (something) evil or commits a wrong against himself (and) then he seeketh Allah's Forgiveness, he shall find Allah Ever-

١- وَمَنْ يَعْمَلْ سُوءًا أَوْ يَظْلِمْ نَفْسَهُ ثُمَّ

اور جو کوئی شخص برا کام کرے یا (جھوٹی قسم وغیرہ سے) آپ اپنی جان پر ظلم کرے

يَسْتَغْفِرِ اللَّهَ يَجِدِ اللَّهَ غَفُورًا رَحِيمًا ○ وَ

پھر اللہ سے (اپنے گناہ) بخشوائے تو پائیگا کہ اللہ بخشنے والا مہربان ہے، اور

Forgiving, Merciful. And whoso committeth a sin he committeth it against himself; and Allah is Knower, Wise.

مَنْ يَّكْسِبْ اِثْمًا فَاِنَّمَا يَكْسِبُهٗ عَلٰى نَفْسِهٖ

جو شخص کسی بدی کا ارتکاب کرتا ہے تو وہ اس کے ارتکاب سے (کچھ) اپنی ہی خرابی

وَكَانَ اللّٰهُ عَلِيْمًا حَكِيْمًا ○

کرتا ہے، اور اللہ (تو سب کا حال) جانتا (اور ہر ایک کے مناسب حالت حکم دینے والا) ہے

پ۵ النساء ۴

2. And each soul earneth only on its own account, nor doth any laden bear another's load. Then unto your Lord is your return and He will tell you that wherein ye differed.

۲- وَلَا تَكْسِبُ كُلُّ نَفْسٍ اِلَّا عَلَيْهَا ۚ وَلَا

اور جو شخص کوئی برا کام کرتا ہے تو (اس کا وبال) اسی پر پڑیگا) اور کوئی شخص کسی دوسرے

تَزِرُ وَازِرَةٌ وِّزْرَ اُخْرٰى ۚ ثُمَّ اِلٰى رَبِّكُمْ

(کے گناہوں) کا بوجھ (اپنے اوپر) نہیں لے گا، پھر تم سب کو اپنے پروردگار کی طرف

مَّرْجِعُكُمْ فَيُنَبِّئُكُمْ بِمَا كُنْتُمْ فِيْهِ

لوٹ کر جانا ہے (جب اسکے حضور میں حاضر ہو گے) تو (دنیا میں) جن جن باتوں میں

تَخْتَلِفُوْنَ ○

اختلاف کرتے رہے ہو وہ (سب) تم کو بتا دے گا (کہ کون حق پر تھا اور کون ناحق پر)

پ۲۳ الزمر ۹

How a Muslim should spend his wealth

كَيْفَ يُنْفِقُ الْمُسْلِمُ

مسلمان کو خرچ کس طرح کرنا چاہیے

1. And let not thy hand be chained to thy neck nor open it with a complete opening, lest thou sit down rebuked, denuded.

۱- وَلَا تَجْعَلْ يَدَكَ مَغْلُوْلَةً اِلٰى عُنُقِكَ

اور اپنا ہاتھ نہ تو اتنا سکیڑو کہ (گویا) گردن سے بندھا رہے، اور نہ بالکل اس

وَلَا تَبْسُطْهَا كُلَّ الْبَسْطِ فَتَقْعُدَ

کو پھیلا ہی دو (ایسا کرو گے) تو تم ایسے بیٹھے رہ جاؤ گے کہ لوگ تم کو ملامت بھی کرینگے

مَلُوْمًا مَّحْسُوْرًا ○

اور تم تہیدست بھی ہو گے

پ۱۵ بنی اسرائیل

2. And (the faithful servants of the Beneficient God are) those who, when they spend, are neither prodigal nor grudging, and there is ever a firm station between the two.

٢- وَالَّذِينَ إِذَآ أَنفَقُوا لَمْ يُسْرِفُوا وَلَمْ
اور وہ لوگ کہ جب خرچ کرنے لگیں تو فضول خرچی نہ کریں اور نہ بہت تنگی
يَقْتُرُوا وَكَانَ بَيْنَ ذَٰلِكَ قَوَامًا ۝ پ۱۹ الفرقان
کریں، بلکہ اُن کا خرچ افراط و تفریط کے درمیان بیچ کی راہ کا ہو

Should a Muslim squander his wealth

هَلْ يَجُوزُ التَّبْذِيرُ لِلْمُسْلِمِينَ
کیا مسلمان کو فضول خرچی کرنی جائز ہے

And give unto the near of kin his right and unto the needy and the wayfarer, and squander not (thy wealth) in wantonness.

وَآتِ ذَا الْقُرْبَىٰ حَقَّهُ وَالْمِسْكِينَ وَابْنَ
اور رشتہ دار اور غریب اور مسافر (ہر ایک) کو اس کا حق پہنچاتے رہو
السَّبِيلِ وَلَا تُبَذِّرْ تَبْذِيرًا ۝ پ۱۵ بنی اسرائیل
اور (دولت کو) بے جا مت اُڑاؤ

Who are the squanderers of wealth

مَنْ هُمُ الْمُبَذِّرُونَ
دولت کے بے جا اُڑانے والے کون ہیں؟

Lo! the squanderers were ever brothers of the devils, and the devil was ever an ingrate to his Lord.

إِنَّ الْمُبَذِّرِينَ كَانُوا إِخْوَانَ الشَّيَاطِينِ
کیونکہ دولت کے بے جا اُڑانے والے شیطانوں کے بھائی ہیں، اور شیطان
وَكَانَ الشَّيْطَانُ لِرَبِّهِ كَفُورًا ۝ پ۱۵ بنی اسرائیل
اپنے پروردگار کا بڑا ہی ناشکرا ہے

What to do in case one has nothing to give in charity

كَيْفَ يُعْرِضُ الْمُسْلِمُ عَنِ الْمَسَاكِينِ إِذَا لَمْ يَسْتَطِعْ أَنْ يُعْطِيَهُمْ شَيْئًا
غرباء کی امداد نہ کر سکو تو ان سے کس طرح پیش آنا چاہیے

And if thou turn away from them, seeking Mercy from thy Lord, for which

وَإِمَّا تُعْرِضَنَّ عَنْهُمُ ابْتِغَاءَ رَحْمَةٍ مِّن
اور اگر تم کو اپنے پروردگار کے فضل کے انتظار میں جس کی تم کو

thou hopest, then speak unto them a polite word (of thine helplessness.)

رَبِّكَ تَرْجُوْهَا فَقُلْ لَّهُمْ قَوْلًا مَّيْسُوْرًا ۝ بنی اسرائیل ۲۸

توقع ہو بمجبوری) ان (غربا) سے منہ پھیرنا پڑے تو نرمی سے اُن کو سمجھا دو

Is giving and receiving illegal gratification allowed to a Muslim

هَلْ يَجُوْزُ الرِّشْوَةُ وَالْاِرْتِشَاءُ لِلْمُسْلِمِ

کیا مسلمان کو رشوت لینا اور دینا جائز ہے؟

And eat not up your wealth among yourselves in vanity, nor seek by it to gain the hearing of judges that you may knowingly devour a portion of the property of others wrongfully.

وَلَا تَاْكُلُوْٓا اَمْوَالَكُمْ بَيْنَكُمْ بِالْبَاطِلِ وَتُدْلُوْا

اور آپس میں ناحق (ناروا) ایک دوسرے کے مال کو خورد برد نہ کرو اور نہ مال کو

بِهَآ اِلَى الْحُكَّامِ لِتَاْكُلُوْا فَرِيْقًا مِّنْ اَمْوَالِ

حاکموں کے پاس (رسائی پیدا کرنے کا) ذریعہ گردانو تاکہ لوگوں کے مال میں سے

النَّاسِ بِالْاِثْمِ وَاَنْتُمْ تَعْلَمُوْنَ ۝ البقرة ۱۸۸

(تھوڑا بہت) جو کچھ ہاتھ لگے اس کو جان بوجھ کر ناحق ہضم کر جاؤ

What kind of recommendation the Muslim should make

فِيْمَا يَشْفَعُ الْمُسْلِمُ وَفِيْمَا لَا يَشْفَعُ

مسلمان کو کس بات میں سفارش کرنی چاہیئے کس میں نہ کرنی چاہیئے

Whoso interveneth in a good cause will have the reward thereof, and whoso interveneth in an evil cause will bear the consequences thereof. Allah overseeth all things.

مَنْ يَّشْفَعْ شَفَاعَةً حَسَنَةً يَّكُنْ لَّهٗ نَصِيْبٌ

جو شخص نیک (بات کی) سفارش کرے (قیامت کے دن) اس (نیک کام

مِّنْهَا ۚ وَمَنْ يَّشْفَعْ شَفَاعَةً سَيِّئَةً يَّكُنْ لَّهٗ

کے اجر) میں سے اس کو بھی حصہ ملے گا، اور جو بری (بات کی) سفارش کرے

كِفْلٌ مِّنْهَا ۗ وَكَانَ اللّٰهُ عَلٰى كُلِّ

اس (کے وبال) میں وہ بھی شریک ہوگا، اور اللہ ہر چیز پر

شَيْءٍ مُّقِيْتًا ۝ النساء ۸۵

ضابط ہے

Should A Muslim indulge in gambling and drinking

هَلْ يَجُوْزُ الْخَمْرُ وَالْمَيْسِرُ لِلْمُسْلِمِ

کیا مسلمان کو شراب پینا اور جوا کھیلنا جائز ہے؟

1. O ye who believe! Intoxicants and games of chance and idols and divining arrows are only an infamy of Satan's handiwork. So leave it aside in order that ye may succeed. Satan seeketh only to cast among you enmity and hatred by means of intoxicants and games of chance, and to turn /you away from the remembrance of Allah, and from Prayer. Will ye then desist?

۱- يٰٓاَيُّهَا الَّذِيْنَ اٰمَنُوْٓا اِنَّمَا الْخَمْرُ وَالْمَيْسِرُ وَ

مسلمانو! شراب اور جوا اور بت اور پانسے (یہ سب) ناپاک کام)

الْاَنْصَابُ وَالْاَزْلَامُ رِجْسٌ مِّنْ عَمَلِ الشَّيْطٰنِ

تو بس ناپاک شیطانی کام ہے تو اس سے بچتے رہو،

فَاجْتَنِبُوْهُ لَعَلَّكُمْ تُفْلِحُوْنَ ○ اِنَّمَا يُرِيْدُ

تاکہ تم فلاح پاؤ، شیطان تو بس یہی چاہتا ہے کہ

الشَّيْطٰنُ اَنْ يُّوْقِعَ بَيْنَكُمُ الْعَدَاوَةَ وَالْبَغْضَآءَ

شراب اور جوئے کی وجہ سے تمہارے آپس میں دشمنی اور بغض

فِي الْخَمْرِ وَالْمَيْسِرِ وَيَصُدَّكُمْ عَنْ ذِكْرِ اللّٰهِ

ڈلوادے، اور تم کو یاد الٰہی اور نماز سے باز رکھے، تو کیا شیطان کے

وَعَنِ الصَّلٰوةِ ۚ فَهَلْ اَنْتُمْ مُّنْتَهُوْنَ ○

مکر پر اطلاع پائے پیچھے اب بھی تم باز آؤ گے (یا نہیں)

پ ۷ المائدة

2. They question thee about strong drink and games of chance. Say: In both is great sin, and (some) utility for men; but the sin of them is greater than their usefulness.

۲- يَسْـَٔلُوْنَكَ عَنِ الْخَمْرِ وَالْمَيْسِرِ ۭ قُلْ فِيْهِمَآ

(اے پیغمبر! لوگ) تم سے شراب اور جوئے کے بارے میں دریافت کرتے ہیں (تو ان لوگوں

اِثْمٌ كَبِيْرٌ وَّمَنَافِعُ لِلنَّاسِ ۡ وَاِثْمُهُمَآ اَكْبَرُ

سے) کہہ دو ان دونوں (چیزوں) میں بڑا گناہ ہے اور لوگوں کے (کچھ) فائدے بھی ہیں

مِنْ نَّفْعِهِمَا ۭ

مگر ان کے فائدے سے ان کا گناہ (اور نقصان) بڑھ کر ہے

پ ۲ البقرة

Keeping up of promises and convenants

العَقْدُ وَالإِيفَاءُ بِهِ

قول وقرار و پابندئ عہد

1. O ye who believe! Fulfil your undertakings.

١- يَا أَيُّهَا الَّذِينَ آمَنُوا أَوْفُوا بِالْعُقُودِ ط

مسلمانو! اپنے اقراروں کو پورا کرو

2. O ye who believe! Why say ye that which ye do not (actually) do? It is most hateful in the sight of Allah that ye should say that which ye do not (actually) do.

٢- يَا أَيُّهَا الَّذِينَ آمَنُوا لِمَ تَقُولُونَ

مسلمانو! ایسی بات کیوں کہہ بیٹھا کرتے ہو جو تم کر کے نہیں دکھاتے (یہ بات)

مَا لَا تَفْعَلُونَ ۝ كَبُرَ مَقْتًا عِنْدَ اللَّهِ أَنْ

اللہ تعالیٰ کو سخت ناپسند ہے کہ کہو (سب کچھ) اور

تَقُولُوا مَا لَا تَفْعَلُونَ ۝

کرو (کچھ) نہیں

3. And keep the covenants; surely of the covenant it will be asked.

٣- وَأَوْفُوا بِالْعَهْدِ إِنَّ الْعَهْدَ كَانَ مَسْئُولًا

اور عہد کو پورا کیا کرو، کیونکہ (قیامت میں) عہد کی باز پُرس ہوگی

4. And fulfil the covenant of Allah when ye have covenanted, and break not your oaths after the asseveration of them, and after ye have made Allah surety over you. Surely Allah knoweth what ye do.

٤- وَأَوْفُوا بِعَهْدِ اللَّهِ إِذَا عَاهَدْتُمْ وَلَا تَنْقُضُوا

اور جب تم لوگ آپس میں قول و قرار کر لو تو اللہ کی قسم کو پورا کرو، اور

الْأَيْمَانَ بَعْدَ تَوْكِيدِهَا وَقَدْ جَعَلْتُمُ

قسموں کو اُن کے پکا کیے پیچھے نہ توڑو، حالانکہ تم اللہ کو اپنا ضامن

اللَّهَ عَلَيْكُمْ كَفِيلًا ط إِنَّ اللَّهَ يَعْلَمُ مَا

ٹھہرا چکے ہو، کچھ شک نہیں کہ جو کچھ تم کر رہے ہو اللہ اس سے بخوبی

تَفْعَلُونَ ۝

واقف ہے

What is the punishment for reaking covenants

ماھی عقوبۃ نقض العھد

بدعہدی کی سزا کیا ہے

Lo! those who ›urchase a small ;ain at the cost of ıllah's covenant and heir oaths, they ıave no portion in he Hereafter, Allah vill neither speak ınto them nor will Ie look upon them ›n the Day of Resur- ection, nor will He ıake them pure. Theirs will be a ›ainful doom.

إِنَّ الَّذِينَ يَشْتَرُونَ بِعَهْدِ اللّٰهِ وَأَيْمَانِهِمْ

جو لوگ (اپنے) عہد (کے بدلے) جو خدا سے کیا تھا اور نیز اپنی قسموں کے بدلے

ثَمَنًا قَلِيلًا أُولٰٓئِكَ لَا خَلَاقَ لَهُمْ فِي الْآخِرَةِ

بے حقیقت (دنیاوی) معاوضہ لیے لیتے ہیں اور قول وقسم کا پاس نہیں کرتے یہی لوگ ہیں جن کو

وَلَا يُكَلِّمُهُمُ اللّٰهُ وَلَا يَنظُرُ إِلَيْهِمْ يَوْمَ الْقِيٰمَةِ

آخرت میں کچھ بہرہ نہیں اور قیامت کے دن خدا اُن سے بات بھی نہیں کریگا اور نہ اُنکی طرف (نظرِ رحمت) سے

وَلَا يُزَكِّيهِمْ وَلَهُمْ عَذَابٌ أَلِيمٌ ○ آل عمران

دیکھے گا اور نہ انکو پاک کریگا (گناہوں کی گندگی سی) اور اُن کیلئے عذاب دردناک ہے،

Penance for breaking an oath

اَلْيَمِينُ وَكَفَّارَتُهٗ

قسم اور اس کے توڑنے کا کفارہ

1. They destroy hemselves (by tak- ng false oaths), and ıllah knoweth that hey verily are liars.

۱- يُهْلِكُونَ أَنفُسَهُمْ ۚ وَاللّٰهُ يَعْلَمُ إِنَّهُمْ

(یہ لوگ جھوٹی قسمیں کھا کھا کر عذاب آخرت کے اعتبار سے) آپ اپنے تئیں ہلاکت

لَكٰذِبُونَ ○ التوبة

میں ڈال رہے ہیں، اور اللہ کو معلوم ہے کہ یہ لوگ ضرور جھوٹے ہیں،

2. Allah will not ake you to task for hat which is unin- entional in your ›aths, but He will ake you to task for he oaths which ye wear in earnest-

۲- لَا يُؤَاخِذُكُمُ اللّٰهُ بِاللَّغْوِ فِي أَيْمَانِكُمْ

تمہاری قسموں میں سے جو لایعنی ہیں اُن پر تو خدا تم سے (کچھ) مواخذہ نہیں کرتا

وَلٰكِن يُؤَاخِذُكُم بِمَا عَقَّدتُّمُ الْأَيْمَانَ

ہاں پکّی قسم کھالو (اور پھر اسکے خلاف کرو) تو خدا تم سے (اس کا) مواخذہ کریگا

فَكَفَّارَتُهٗٓ اِطْعَامُ عَشَرَةِ مَسٰكِيْنَ مِنْ
تو اس (قسم کے توڑنے) کا کفارہ دس مسکینوں کو متوسط درجے کا کھانا کھلا دینا
اَوْسَطِ مَا تُطْعِمُوْنَ اَهْلِيْكُمْ اَوْ كِسْوَتُهُمْ
ہے جیسا کہ تم اپنے اہل وعیال کو کھلایا کرتے ہو یا ان ہی دس مسکینوں (کو کپڑے
اَوْ تَحْرِيْرُ رَقَبَةٍ ۭ فَمَنْ لَّمْ يَجِدْ فَصِيَامُ
بنا دینا یا ایک بردہ آزاد کر دینا، پھر جس کو (یہ) میسر نہ ہو تو تین روزے، یہ
ثَلٰثَةِ اَيَّامٍ ۭ ذٰلِكَ كَفَّارَةُ اَيْمَانِكُمْ اِذَا
تمہاری قسموں کا کفارہ ہے جب کہ تم قسم (تو) کھا لو (اور اس میں پورے نہ
حَلَفْتُمْ ۭ وَاحْفَظُوْٓا اَيْمَانَكُمْ ۭ كَذٰلِكَ يُبَيِّنُ
(اترو) اور اپنی قسموں (کے پورا کرنے) کی احتیاط رکھو، اسی طرح اللہ اپنے احکام
اللّٰهُ لَكُمْ اٰيٰتِهٖ لَعَلَّكُمْ تَشْكُرُوْنَ ○
تم سے کھول کھول کر بیان فرماتا ہے تاکہ تم اس کی شکرگزاری کرو (کہ تم کو ادب سکھاتا ہے)

ness. The expiation thereof is the feeding of ten of the needy with the average of that wherewith ye feed your own folk, or the clothing of them, or the liberation of a slave, and for him who findeth not (the wherewithal to do so) a three days' fast. This is the expiation of your oaths when ye have sworn; and do keep your oaths, thus Allah expoundeth unto you His revelations in order that ye may give thanks.

How a Muslim should bear witness and how he should dispense justice

كَيْفَ يَشْهَدُ الْمُسْلِمُ وَكَيْفَ يُقْسِطُ
مسلمان کو کس طرح گواہی دینی چاہئے اور کس طرح انصاف کرنا چاہئے

Evidence.

اَلشَّهَادَةُ
گواہی

۱- وَلَا تَلْبِسُوا الْحَقَّ بِالْبَاطِلِ وَتَكْتُمُوا
اور سچ کو جھوٹ کے ساتھ گڈمڈ نہ کرو، اور جان بوجھ کر حق بات کو
الْحَقَّ وَاَنْتُمْ تَعْلَمُوْنَ ○
نہ چھپاؤ

1. And confound not truth with falsehood, nor knowingly conceal the truth.

2. And hide not testimony; he who hideth it verity his heart is sinful. Allah is aware of what ye do.

٢- وَلَا تَكْتُمُوا الشَّهَادَةَ ۚ وَمَنْ يَكْتُمْهَا

اور گواہی کو نہ چھپاؤ، اور جو اُس کو چھپائے گا وہ دل کا کھوٹا ہے، اور

فَإِنَّهُ آثِمٌ قَلْبُهُ ۗ وَاللَّهُ بِمَا تَعْمَلُونَ عَلِيمٌ ○

پ۳ البقرة

جو کچھ بھی تم لوگ کرتے ہو اللہ کو سب معلوم ہے

3. And they (the faithful servants of the Beneficent God) will not witness vanity.

٣- وَالَّذِينَ لَا يَشْهَدُونَ الزُّورَ

پ۱۹ الفرقان

اور وہ جھوٹی گواہی نہ دیں

4. O ye who believe! Be ye staunch in justice, witnesses for Allah, even though it be against yourselves or (your) parents or (your) kindred, whether (the case be of) a rich man or a poor man, for Allah is nearer unto both (than ye are). So follow not passion lest ye lapse (from truth) and if ye lapse or fall away, then surely Allah is ever Informed of what ye do.

٤- يَا أَيُّهَا الَّذِينَ آمَنُوا كُونُوا قَوَّامِينَ بِالْقِسْطِ

مسلمانو! مضبوطی کے ساتھ انصاف پر قائم رہو (اور) خدا لگتی گواہی دو

شُهَدَاءَ لِلَّهِ وَلَوْ عَلَىٰ أَنْفُسِكُمْ أَوِ الْوَالِدَيْنِ

اگرچہ (یہ گواہی) تمہارے اپنے یا تمہارے ماں باپ اور رشتہ داروں کے

وَالْأَقْرَبِينَ ۚ إِنْ يَكُنْ غَنِيًّا أَوْ فَقِيرًا فَاللَّهُ

خلاف ہی کیوں نہ ہو، اور اگر (ان میں) کوئی مالدار یا محتاج ہے تو اللہ سب سے

أَوْلَىٰ بِهِمَا ۖ فَلَا تَتَّبِعُوا الْهَوَىٰ أَنْ تَعْدِلُوا ۚ

بڑھ کر ان کی پرداخت کرنیوالا ہے تو تم (ان کی خاطر اپنی) خواہش کی پیروی نہ کرو

وَإِنْ تَلْوُوا أَوْ تُعْرِضُوا فَإِنَّ اللَّهَ كَانَ بِمَا

کہ لگو حق سے اعراض کرنے اور اگر دبی زبان سے گواہی دوگے یا (سرے سے) گواہی دینے سے

تَعْمَلُونَ خَبِيرًا ○

پ۵ النساء

پہلوتہی کروگے تو (جیسا کروگے ویسا بھروگے کیونکہ) جو کچھ تم کرتے ہو اللہ اس سے باخبر ہے

5. O ye who believe! Guard your duty to Allah, and

٥- يَا أَيُّهَا الَّذِينَ آمَنُوا اتَّقُوا اللَّهَ وَقُولُوا

مسلمانو! اللہ سے ڈرتے رہو، اور بات (بھی) کرو تو (راہ کی)

قَوْلًا سَدِيدًا ۝ يُصْلِحْ لَكُمْ أَعْمَالَكُمْ وَ
سیدھی سچی، ایسا کرو گے تو (خدا) تمہارے اعمال درست کر دے گا اور
يَغْفِرْ لَكُمْ ذُنُوبَكُمْ ۗ وَمَن يُطِعِ اللَّهَ وَرَسُولَهُ
تمہارے گناہ بخش دے گا، اور جس نے اللہ اور اُس کے رسُول کا کہنا مانا تو
فَقَدْ فَازَ فَوْزًا عَظِيمًا ۝
اُس نے بڑی کامیابی حاصل کی،

سورۃ الاحزاب

speak words straight to the point; He will adjust your works for you and will forgive you your sins. Whosoever obeyeth Allah and His messenger, he verily hath gained a signal victory.

What attitude should a Muslim adopt in respect of the truthful

كَيْفَ يُعَامِلُ الْمُسْلِمُ مَعَ الصَّادِقِ
سچ بولنے والے کے ساتھ مسلمان کو کیا کرنا چاہیئے

يَا أَيُّهَا الَّذِينَ آمَنُوا اتَّقُوا اللَّهَ وَكُونُوا
مسلمانو! خدا (کے غضب) سے ڈرو، اور سچ بولنے والوں کے
مَعَ الصَّادِقِينَ ۝
ساتھ رہو

سورۃ التوبۃ

O ye who believe Fear Allah and side with the truthful.

Should Muslims support the treacherous

أَيَجُوزُ لِلْمُسْلِمِ أَنْ يَحْمِيَ الْخَائِنِينَ
کیا مسلمانوں کو دغا بازوں کا طرفدار بننا چاہیئے؟

وَلَا تَكُن لِّلْخَائِنِينَ خَصِيمًا ۝ وَاسْتَغْفِرِ
اور دغا بازوں کے طرفدار نہ بنو، اور اللہ سے (بھول چوک کی) معافی
اللَّهَ ۖ إِنَّ اللَّهَ كَانَ غَفُورًا رَّحِيمًا ۝
چاہو، کہ اللہ بخشنے والا مہربان ہے

سورۃ النساء

And be not thou a pleader for the treacherous, and ask Allah for forgiveness; of a surety Allah is Forgiving, Merciful.

Who will lead an honourable life (in the two worlds)

مَنْ هُمُ الْمُكْرَمُوْنَ (فِي الدَّارَيْنِ)

عزت سے کن کی بسر ہوگی ؟

And they (the true Believers) are the shepherds of their pledges, and their convenants, and they stand by their testimony and they are attentive at their prayers — they will dwell in gardens, honoured.

وَالَّذِيْنَ هُمْ لِاَمٰنٰتِهِمْ وَعَهْدِهِمْ رٰعُوْنَ ۝

اور جو اپنی (تحویل کی) امانتوں اور اپنے عہد کا پاس کرتے اور

وَالَّذِيْنَ هُمْ بِشَهٰدٰتِهِمْ قَآئِمُوْنَ ۝

جو اپنی گواہیوں پر ثابت (قدم) رہتے ، اور

وَالَّذِيْنَ هُمْ عَلٰى صَلَاتِهِمْ يُحَافِظُوْنَ ۝

اور جو اپنی نماز کی خبر رکھتے ہیں ، یہ لوگ (ہیں جو)

اُولٰٓئِكَ فِيْ جَنّٰتٍ مُّكْرَمُوْنَ ۝ المعارج ۳۲-۳۵

عزت سے (بہشت کے) باغوں میں ہونگے

JUSTICE

اَلْعَدْلُ

انصاف

How Muslims should settle their mutual disputes

كَيْفَ يَحْكُمُ الْمُسْلِمُوْنَ بَيْنَهُمْ

مسلمانوں کو باہمی جھگڑے کس طرح فیصل کرنے چاہئیں

1. Verily Allah enjoineth justice and kindness, and giving to kinsfolk, and forbiddeth lewdness and abomination and wickedness. He exhorteth you in order that ye may take heed.

۱- اِنَّ اللّٰهَ يَاْمُرُ بِالْعَدْلِ وَالْاِحْسَانِ وَ

(مسلمانو!) اللہ انصاف کرنے کا حکم دیتا ہے اور (لوگوں کے ساتھ) احسان کرنے کا

اِيْتَآئِ ذِي الْقُرْبٰى وَيَنْهٰى عَنِ الْفَحْشَآءِ

اور قرابت والوں کو (مالی امداد) دینے کا اور بےحیائی (کے کاموں) اور ناشائستہ حرکتوں اور (ایک دوسرے

وَالْمُنْكَرِ وَالْبَغْيِ يَعِظُكُمْ لَعَلَّكُمْ تَذَكَّرُوْنَ ۝ النحل ۹۰

پر) زیادتی کرنے سے منع فرماتا ہے تم لوگوں کو (ایسی ایسی) نصیحتیں کرتا ہے کہ تم ایسی باتوں کا خیال رکھو

2. And when ye judge between mankind ye should judge justly. Surely comely is this with which Allah admonisheth you. Surely Allah is ever Hearer, Seer.

۲-وَاِذَا حَكَمْتُمْ بَيْنَ النَّاسِ اَنْ تَحْكُمُوْا

اور جب لوگوں کے باہمی جھگڑے فیصل کرنے لگو تو انصاف کے ساتھ فیصلہ

بِالْعَدْلِ ؕ اِنَّ اللّٰهَ نِعِمَّا يَعِظُكُمْ بِهٖ ؕ اِنَّ

کرو، اللہ جو تم کو نصیحت کرتا ہے (تمہارے حق میں) بہت اچھی ہے، اس میں

اللّٰهَ كَانَ سَمِيْعًا بَصِيْرًا ۝

شک نہیں کہ اللہ سب کی سنتا (اور سب کچھ) دیکھتا ہے

سورۃ النساء ۹

How to judge between the people (other than Muslims)

كَيْفَ يُحْكَمُ بَيْنَ النَّاسِ

لوگوں کے باہمی جھگڑے کس اصول پر طے کرنے چاہئیں

3. Surely We have revealed unto thee the Scripture with the truth, that thou mayest judge between mankind by that which Allah hath shown thee.

اِنَّآ اَنْزَلْنَآ اِلَيْكَ الْكِتٰبَ بِالْحَقِّ لِتَحْكُمَ

(اے پیغمبر!) ہم نے (جو) کتاب برحق تم پر نازل کی ہے (تو اس لئے) کہ

بَيْنَ النَّاسِ بِمَآ اَرٰىكَ اللّٰهُ ؕ

جیسا تم کو خدا نے بتادیا ہے اس کے مطابق لوگوں کے باہمی جھگڑے چکا دو

سورۃ النساء

How are Muslims related to one another and What to do in case two Muslims fight among themselves

مَا الْعِلَاقَةُ بَيْنَ الْمُسْلِمِيْنَ وَمَاذَا

مسلمان آپس میں کون ہیں اور دو مسلمانوں میں

يُفْعَلُ اِذَا اقْتَتَلَ الْمُسْلِمَانِ

لڑائی ہو تو کیا کرنا چاہئے

The believers are naught else than brothers. Therefore make peace between your brethren and fear Allah that haply ye may obtain mercy.

اِنَّمَا الْمُؤْمِنُوْنَ اِخْوَةٌ فَاَصْلِحُوْا بَيْنَ

مسلمان تو بس (آپس میں) بھائی بھائی ہیں تو اپنے دو بھائیوں میں میل جول کرا

اَخَوَيْكُمْ وَاتَّقُوا اللّٰهَ لَعَلَّكُمْ تُرْحَمُوْنَ ۝

دیا کرو، اور خدا (کے غضب) سے ڈرتے رہو کہ (خدا کی طرف سے) تم پر رحم کیا جائے

سورۃ الحجرات

What to do when two factions among Muslims fight mutually

And if two parties of believers fall to fighting, then make peace between them; and if one party of them doeth wrong to the other, fight ye that which doeth wrong till it return unto the ordinance of Allah; then, if it return, make peace between the two justly, and act equitably. Surely Allah loveth the equitable.

ماذا يفعل إذا اقتتل طائفتا المسلمين

مسلمانوں کے دو فرقے آپس میں لڑیں تو کیا کرنا چاہیے

وَإِنْ طَائِفَتَانِ مِنَ الْمُؤْمِنِينَ اقْتَتَلُوا فَأَصْلِحُوا

اور اگر (تم) مسلمانوں کے دو فرقے آپس میں لڑ پڑیں تو ان میں صلح کرادو، پھر اگر ان

بَيْنَهُمَا ۖ فَإِنْ بَغَتْ إِحْدَاهُمَا عَلَى الْأُخْرَىٰ

میں ایک (فرقہ) دوسرے پر زیادتی کرتا ہے تو جو زیادتی کرتا ہے (تم بھی)

فَقَاتِلُوا الَّتِي تَبْغِي حَتَّىٰ تَفِيءَ إِلَىٰ أَمْرِ اللَّهِ ۚ

اس سے لڑو، یہاں تک کہ وہ حکم خدا کی طرف رجوع لائے، پھر جب رجوع

فَإِنْ فَاءَتْ فَأَصْلِحُوا بَيْنَهُمَا بِالْعَدْلِ وَ

لے آئے تو فریقین میں برابری کے ساتھ صلح کرادو اور انصاف کو ملحوظ رکھو،

أَقْسِطُوا ۖ إِنَّ اللَّهَ يُحِبُّ الْمُقْسِطِينَ ○ الحجرات

بیشک اللہ انصاف کرنے والوں کو دوست رکھتا ہے

What will be the consequences of mutual disputes among Muslims

1. And obey Allah and His messenger, and dispute not one with another lest ye falter and your strength depart from you: be stedfast. Surely Allah is with the steadfast.

ما عاقبة التنازع بين المسلمين

مسلمان آپس میں جھگڑا کریں تو کیا ہوگا

١- وَأَطِيعُوا اللَّهَ وَرَسُولَهُ وَلَا تَنَازَعُوا فَتَفْشَلُوا

اور اللہ اور اس کے رسولؐ کا حکم مانو اور آپس میں جھگڑا نہ کرو کہ آپس میں جھگڑا

وَتَذْهَبَ رِيحُكُمْ ۖ وَاصْبِرُوا ۚ إِنَّ اللَّهَ مَعَ

کرنے سے تم ہمت ہار دو گے اور تمہاری ہوا اکھڑ جائیگی اور لڑائی کی تکلیفوں پر

الصَّابِرِينَ ○ الانفال

صبر کرو، بیشک اللہ صبر کرنیوالوں کا ساتھی ہے

2. Whoso putteth his trust in Allah (will find that) surely Allah is Mighty, wise.

٢- وَمَنْ يَّتَوَكَّلْ عَلَى اللّٰهِ فَاِنَّ اللّٰهَ عَزِيْزٌ

اور جو خدا پر بھروسہ رکھے گا تو (وہ قوی دل ہی ہوگا کیونکہ اس کا مددگار) اللہ

حَكِيْمٌ ○ ۸ الانفال

زبردست اور حکمت والا ہے

What to do if schism occurs in religion

مَا عَلَى الْمُسْلِمِيْنَ اِذَا فُرِّقَ دِيْنُهُمْ

دین میں تفرقہ پڑے تو کیا کرنا چاہیئے

As for those who sunder their religion and become schismatics, no concern hast thou with them. Their case will go to Allah Who then will tell them what they used to do.

اِنَّ الَّذِيْنَ فَرَّقُوْا دِيْنَهُمْ وَكَانُوْا شِيَعًا

(اے پیغمبر!) جن لوگوں نے اپنے دین میں تفرقہ ڈالا اور کئی فرقے بن گئے تم کو ان

لَّسْتَ مِنْهُمْ فِيْ شَيْءٍ ۭ اِنَّمَآ اَمْرُهُمْ اِلَى اللّٰهِ

(کے جھگڑوں) سے کچھ سروکار نہیں اُن کا معاملہ بس خدا کے حوالے (کردو) وہ اُن کا

ثُمَّ يُنَبِّئُهُمْ بِمَا كَانُوْا يَفْعَلُوْنَ ○ ۶ الانعام

حساب لیگا، پھر جو کچھ (دنیا میں) کیا کرتے تھے (اُن کا نیک و بد) اُن کو بتادے گا

What should Muslims do about hypocrites

كَيْفَ يُعَامِلُ الْمُسْلِمُ مَعَ الْمُنَافِقِيْنَ

نفاق کی صورت ہو تو مسلمان کو کیا کرنا چاہیئے

So shun them and admonish them, and say unto them for their souls an effectual saying.

فَاَعْرِضْ عَنْهُمْ وَعِظْهُمْ وَقُلْ لَّهُمْ فِيْٓ

(اے پیغمبر!) اُن کے پیچھے نہ پڑو اور (نصیحت کے طور پر) اُن کو (اُنکے نفاق کے نتیجے)

اَنْفُسِهِمْ قَوْلًۢا بَلِيْغًا ○ ۴ النساء

سمجھا دو اور ان سے ایسی باتیں کہو کہ (نفاق کے بُرے نتیجے) اچھی طرح اُنکے ذہن نشین ہو جائیں

How to settle a dispute between the rulers and the ruled

And if ye have a dispute concerning any matter, refer it to Allah and the Messenger if ye are (in truth) believers in Allah and the Last Day. That is better and more seemly in the end.

What is the purpose of creating castes and tribes

O mankind! surely We have created you male and female, and have made you nations and tribes that ye may know one another. Surely the noblest of you, in the sight of Allah, is the best in conduct. Surely Allah is Knower, Aware.

مَاذَا يَفْعَلُ الْمُسْلِمُوْنَ اِذَا اخْتَلَفُوْا مِنْ وُلَاةِ اُمُوْرِهِمْ

حاکمِ وقت سے جھگڑا ہو تو مسلمانوں کو کیا کرنا چاہیے

فَاِنْ تَنَازَعْتُمْ فِيْ شَيْءٍ فَرُدُّوْهُ اِلَى اللّٰهِ

پھر اگر کسی امر میں تم (اور حاکمِ وقت) آپس میں جھگڑ پڑو تو اللہ اور روزِ آخرت پر ایمان

وَالرَّسُوْلِ اِنْ كُنْتُمْ تُؤْمِنُوْنَ بِاللّٰهِ وَالْيَوْمِ

لانے کی شرط یہ ہے کہ اس امر میں اللہ اور رسول (کے حکم) کی طرف رجوع کرو (کہ)

الْاٰخِرِ ۭ ذٰلِكَ خَيْرٌ وَّاَحْسَنُ تَاْوِيْلًا ۝ النساء ۵۹

یہ (تمہارے حق میں) بہتر ہے اور انجام کے اعتبار سے بھی (یہی طریقہ) اچھا ہے

مَا الْغَرَضُ مِنْ خَلْقِ النَّاسِ شُعُوْبًا وَّقَبَائِلَ

ذات برادریاں بنانے کا مقصد کیا ہے

يٰاَيُّهَا النَّاسُ اِنَّا خَلَقْنٰكُمْ مِّنْ ذَكَرٍ وَّ

لوگو! ہم نے تم کو ایک مرد (آدم) اور ایک عورت (حوّا) سے پیدا کیا اور پھر

اُنْثٰى وَجَعَلْنٰكُمْ شُعُوْبًا وَّقَبَاۗىِٕلَ لِتَعَارَفُوْا

تمہاری ذاتیں برادریاں ٹھہرائیں تاکہ ایک دوسرے کو شناخت کر سکو،

اِنَّ اَكْرَمَكُمْ عِنْدَ اللّٰهِ اَتْقٰىكُمْ ۭ اِنَّ اللّٰهَ

(ورنہ) اللہ کے نزدیک تم میں بڑا شریف وہی ہے جو تم میں بڑا پرہیزگار ہے

عَلِيْمٌ خَبِيْرٌ ۝ الحجرات ۱۳

بیشک اللہ جاننے والا باخبر ہے

Trust and breach of trust

اَلْاَمَانَةُ اَلْخِيَانَةُ

امانت خیانت

Trust

اَلْاَمَانَةُ

امانت

Surely Allah commandeth you that ye restore trusts to their (rightful) owners.

اِنَّ اللّٰهَ يَاْمُرُكُمْ اَنْ تُؤَدُّوا الْاَمٰنٰتِ اِلٰٓى اَهْلِهَا ج — پ۵ النساء

(مسلمانو!) اللہ تم کو حکم دیتا ہے کہ امانت (رکھنے) والوں کی امانتیں جب مانگیں ان کے حوالہ کرو

Breach of trust

اَلْخِيَانَةُ

خیانت

1. And whoever is guilty of a breach of trust he shall bring forth on the Day of Resurrection that in respect of which he had been guilty.

۱- وَمَنْ يَّغْلُلْ يَاْتِ بِمَا غَلَّ يَوْمَ

اور جو (جرم) خیانت کا مرتکب ہوگا تو جس چیز کی خیانت کی ہے قیامت کے دن

الْقِيٰمَةِ ج — پ۴ آل عمران

(خدا کے روبرو بعینہٖ وہی چیز) اُس کو لاکر حاضر کرنی ہوگی

2. O ye who believe! Squander not your wealth among yourselves in vanity, except it be a trade by mutual consent, and kill not one another. Surely Allah is ever Merciful unto you.

۲- يٰٓاَيُّهَا الَّذِيْنَ اٰمَنُوْا لَا تَاْكُلُوْٓا اَمْوَالَكُمْ

مسلمانو! ناحق (ناروا) ایک دوسرے کے مال کو خورد برد نہ کیا کرو ہاں آپس

بَيْنَكُمْ بِالْبَاطِلِ اِلَّآ اَنْ تَكُوْنَ تِجَارَةً

کی رضامندی سے خرید و فروخت (میں کچھ ہاتھ لگ جائے تو) ناروا

عَنْ تَرَاضٍ مِّنْكُمْ وقف وَلَا تَقْتُلُوْٓا اَنْفُسَكُمْ ط

نہیں اور (آپ) اپنے تئیں ہلاک نہ کرو (تم سے یہ بات اس لئے کہی جاتی

اِنَّ اللّٰهَ كَانَ بِكُمْ رَحِيْمًا ۝ — پ۵ النساء

ہے کہ) اللہ تم پر مہربان ہے

3. Whoso doeth that through aggression and injustice, We shall cast him into fire, and that is ever easy for Allah.

٣- وَمَنْ يَّفْعَلْ ذٰلِكَ عُدْوَانًا وَّظُلْمًا فَسَوْفَ

اور جو زور اور ظلم سے ایسا (کام) کریگا (یعنی پرایا مال کھاجائیگا) تو ہم اس کو قیامت کے دن

نُصْلِيْهِ نَارًا ۭ وَكَانَ ذٰلِكَ عَلَى اللّٰهِ يَسِيْرًا ○

(دوزخ کی) آگ میں (ڈالکر) جھونک دینگے اور یہ اللہ کے نزدیک (ایک) آسان (سی) بات ہے

سورۃ النساء

4. O ye who believe! Betray not Allah and His Messenger, nor knowingly betray your trusts.

٤- يٰٓاَيُّهَا الَّذِيْنَ اٰمَنُوْا لَا تَخُوْنُوا اللّٰهَ وَالرَّسُوْلَ

مسلمانو! اللہ اور رسول کی (امانت میں) خیانت نہ کرو، اور نہ اپنی امانتوں میں

وَتَخُوْنُوْٓا اَمٰنٰتِكُمْ وَاَنْتُمْ تَعْلَمُوْنَ ○

خیانت کرو، اور تم تو (خیانت کے وبال سے) واقف ہو

سورۃ الانفال

Indebtedness

اَلدَّيْن

قرضہ

How should the debtor be treated by a Muslim

كَيْفَ يُعَامِلُ الْمُسْلِمُ مَعَ الْمَدْيُوْنِ

قرضدار سے مسلمان کا سلوک کیسا ہونا چاہیئے؟

And if he (the debtor) is in straitened circumstances, then (let there be) postponement to (the time of) ease, and that ye remit the debt as almsgiving would be better for you if ye did but know.

وَاِنْ كَانَ ذُوْ عُسْرَةٍ فَنَظِرَةٌ اِلٰى مَيْسَرَةٍ ۭ وَاَنْ

اور اگر (کوئی) تنگدست (تمہارا قرض) ہو تو فراخی تک مہلت دو اور معاف کردو تو

تَصَدَّقُوْا خَيْرٌ لَّكُمْ اِنْ كُنْتُمْ تَعْلَمُوْنَ ○

تمہارے حق میں زیادہ بہتر ہے اگر تم سمجھو

سورۃ البقرۃ

Interest

اَلرِّبٰوا

سُود

1. Allah hath blighted interest and made almsgiving

١- يَمْحَقُ اللّٰهُ الرِّبٰوا وَيُرْبِي الصَّدَقٰتِ ۭ وَ

اللہ سود کو گھٹاتا اور خیرات کو بڑھاتا ہے اور جتنے ناشکرے (اور)

fruitful. Allah loveth not the ungrateful (and) sinful.

اللّٰہُ لَا یُحِبُّ کُلَّ کَفَّارٍ اَثِیْمٍ ○

کہنا نہیں مانتے، خدا اُن سے راضی نہیں،

2. Those who swallow interest cannot rise up save as he ariseth whom the devil hath postrated by (his) touch.

۲- اَلَّذِیْنَ یَاْکُلُوْنَ الرِّبٰوا لَا یَقُوْمُوْنَ اِلَّا

(اور جو لوگ سُود کھاتے ہیں (قیامت کے دن) کھڑے نہیں ہو سکیں گے

کَمَا یَقُوْمُ الَّذِیْ یَتَخَبَّطُهُ الشَّیْطٰنُ مِنَ الْمَسِّ ط

مگر اس کا سا کھڑا ہونا جس کو شیطان نے (اپنی) چھپٹ سے مخبوط الحواس کر دیا ہو

3. O ye who believe! observe your duty to Allah, and give up what remaineth (due to you) on account of interest, if ye are in truth) believers. And if ye do not (give up the same) then be warned of war (against you) from Allah and His Messenger, and if ye repent (of your past sins in this respect) then to you belong your principles, neither should ye wrong (any one) nor shall ye be wronged.

۳- یٰاَیُّهَا الَّذِیْنَ اٰمَنُوا اتَّقُوا اللّٰهَ وَذَرُوْا مَا

مسلمانو! اگر تم ایمان رکھتے ہو تو اللہ سے ڈرو، اور جو سُود (لوگوں کے ذمہ) باقی

بَقِیَ مِنَ الرِّبٰوا اِنْ کُنْتُمْ مُّؤْمِنِیْنَ ○ فَاِنْ

ہے اس کو چھوڑ بیٹھو اور اگر ایسا نہیں کرتے تو اللہ اور اُس کے رسُول

لَّمْ تَفْعَلُوْا فَاْذَنُوْا بِحَرْبٍ مِّنَ اللّٰهِ وَرَسُوْلِهٖ

سے لڑنے کے لئے ہوشیار ہو رہو، اور اگر توبہ کرتے ہو تو اپنی

وَاِنْ تُبْتُمْ فَلَکُمْ رُءُوْسُ اَمْوَالِکُمْ ج

اصل رقم تم کو (لینی پہنچتی) ہے نہ تم (کسی کا) نقصان کرو، اور نہ کوئی

لَا تَظْلِمُوْنَ وَلَا تُظْلَمُوْنَ ○

تمہارا نقصان کرے،

4. O ye who believe! devour not interest, doubling and quadrupling (the sum lent), and observe your duty to Allah, that ye may be successful.

۴- یٰاَیُّهَا الَّذِیْنَ اٰمَنُوْا لَا تَاْکُلُوا الرِّبٰوا اَضْعَافًا

مسلمانو! سُود (در سُود) نہ کھاؤ (کہ اصل میں مل جُل کر) دگنا چوگنا (ہوتا چلا

مُّضٰعَفَةً ص وَّاتَّقُوا اللّٰهَ لَعَلَّکُمْ تُفْلِحُوْنَ ○

جائے) اور اللہ سے ڈرو عجب نہیں (آخرت میں) تم فلاح پاؤ،

What is the difference between Commercial transaction and interest

مَا الْفَرْقُ بَيْنَ الْبَيْعِ وَالرِّبٰوا

بیع اور سُود میں کیا فرق ہے

And Allah permitteth trading and forbiddeth interest.

وَاَحَلَّ اللّٰهُ الْبَيْعَ وَحَرَّمَ الرِّبٰوا (البقرۃ)

بیع کو اللہ نے حلال کیا ہے اور سُود کو حرام

What is the difference between interest and Zakat. Is it lawful to pay interest

مَا الْفَرْقُ بَيْنَ الرِّبٰوا وَالزَّكٰوةِ وَهَلْ يَجُوْزُ اِيْتَاءُ الرِّبٰوا

سُود اور زکوٰۃ میں کیا فرق ہے کیا سُود دینا جائز ہے؟

That which ye give in interest in order that it may increase on (other) people's property hath no increase with Allah; but that which ye give in charity, seeking Allah's countenance, hath increase manifold.

وَمَا اٰتَيْتُمْ مِّنْ رِّبًا لِّيَرْبُوَا فِيْ اَمْوَالِ النَّاسِ

اور (یہ) جو تم لوگ سُود دیتے ہو تاکہ لوگوں کے مال میں بڑھوتری ہو تو

فَلَا يَرْبُوْا عِنْدَ اللّٰهِ ۚ وَمَا اٰتَيْتُمْ مِّنْ

وہ سُود خدا کے ہاں (پھولتا) پھلتا نہیں (یعنی اس میں برکت نہیں ہوتی)

زَكٰوةٍ تُرِيْدُوْنَ وَجْهَ اللّٰهِ فَاُولٰٓئِكَ هُمُ

اور (وہ) جو تم (محض) خدا کی رضا جوئی کے ارادے سے زکوٰۃ دیتے ہو تو جو لوگ ایسا

الْمُضْعِفُوْنَ ۝ (الروم)

کرتے ہیں، وہی (اپنے دیئے کو خدا کے ہاں) بڑھا رہے ہیں

How the true Muslims should coduct business

مَا عَلَى الْمُسْلِمِيْنَ فِي التِّجَارَةِ

مسلمان بنیئے کو دوکانداری کس طرح کرنی چاہئے

1. And observe the measure strictly, nor fall short thereof.

(الرحمٰن) ۱- وَاَقِيْمُوا الْوَزْنَ بِالْقِسْطِ وَلَا تُخْسِرُوا الْمِيْزَانَ

اور انصاف کے ساتھ سیدھی تول تولو، اور کم نہ تولو

2. And fill the measure when ye measure. and weigh

۲- وَاَوْفُوا الْكَيْلَ اِذَا كِلْتُمْ وَزِنُوْا بِالْقِسْطَاسِ

اور جب ناپ کر دو تو پیمانے کو پورا کر دیا کرو اور (تول کر دینا ہو تو) ترازو سیدھی

with a straight balance; that is meet and better in the end.

الْمُسْتَقِيْمِ ذٰلِكَ خَيْرٌ وَّاَحْسَنُ تَاْوِيْلًا ۝

(رکھکر تولا کرو (معاملے کا) یہ بہتر (طریق) ہے اور (اس کا) انجام بھی اچھا ہے

3. Give full measure, and be not of those who give less (than the due). And weigh with the straight balance. And wrong not mankind in their goods, and do not evil, making mischief in the earth. And keep your duty unto Him Who created you and the generations of men of old.

۳- اَوْفُوا الْكَيْلَ وَلَا تَكُوْنُوْا مِنَ الْمُخْسِرِيْنَ ۝

(کوئی چیز لوگوں کو پیمانے سے ناپ کر دیا کرو تو) پیمانہ بھر کر دیا کرو اور (لوگوں کو)

وَزِنُوْا بِالْقِسْطَاسِ الْمُسْتَقِيْمِ ۝ وَلَا تَبْخَسُوا

نقصان پہنچانے والے نہ بنو اور (تولا کرو تو) ترازو (کی ڈنڈی) سیدھی رکھ کر تولا کرو

النَّاسَ اَشْيَآءَهُمْ وَلَا تَعْثَوْا فِي الْاَرْضِ

اور لوگوں کو ان کی چیزیں (جو وہ خریدیں) کم کر کے نہ دیا کرو اور ملک میں فساد پھیلاتے

مُفْسِدِيْنَ ۝ وَاتَّقُوا الَّذِيْ خَلَقَكُمْ

نہ پھرو، اور اس (خدا) سے ڈرتے رہو جس نے تم کو اور اگلی خلقت

وَالْجِبِلَّةَ الْاَوَّلِيْنَ ۝

کو پیدا کیا

4. Woe unto the defrauders: those who, when they take the measures from mankind, demand it full, but if they measure unto them or weigh for them, they cause them loss. Do such (men) not consider that they will be raised again unto an awful Day, when (all) mankind shall stand before the Lord of the worlds.

۴- وَيْلٌ لِّلْمُطَفِّفِيْنَ ۝ الَّذِيْنَ اِذَا اكْتَالُوْا عَلَى

کم دینے والوں کی (بڑی ہی) تباہی ہے کہ لوگوں سے ناپ کر لیں تو پورا لیں

النَّاسِ يَسْتَوْفُوْنَ ۝ وَاِذَا كَالُوْهُمْ اَوْ وَّزَنُوْهُمْ

اور جب ان کو ناپ کر یا تول کر دیں تو کم دیں، کیا

يُخْسِرُوْنَ ۝ اَلَا يَظُنُّ اُولٰٓئِكَ اَنَّهُمْ مَّبْعُوْثُوْنَ ۝

ان کو اس بات کا خیال نہیں کہ بڑے (سخت) دن (یعنی قیامت کو) یہ اٹھا کر

لِيَوْمٍ عَظِيْمٍ ۝ يَّوْمَ يَقُوْمُ النَّاسُ لِرَبِّ الْعٰلَمِيْنَ ۝

کئے جائیں گے، اور اس دن لوگ پروردگار عالم کے روبرو (اعمال کی) جواب دہی کیلئے کھڑے ہوں گے

CHAPTER V

اَلْبَابُ الْخَامِسُ

پانچواں باب

Who is actually entitled to be called a Muslim

مَنْ هُوَ الْمُسْلِمُ حَقًّا

مسلمان کہلانے کا واقعی مستحق کون ہے

Who is a Disbeliever and who is a Hypocrite

مَنِ الْكَافِرُ وَالْمُنَافِقُ

کافر و منافق کس کو کہتے ہیں؟

1. It is not righteousness that ye turn your faces to the East and the West; but righteous is he who believeth in Allah and the Last Day and the angels and the Scripture and the Prophets and giveth wealth, for love of Him, to kinsfolk and to orphans and the needy and the wayfarer and to those who ask, and to set slaves free; and observeth proper worship and payeth the poor-due. And those who keep their treaty when they make one, and the patient in tribulation and adversity and time of stress.

١- لَيْسَ الْبِرَّ اَنْ تُوَلُّوْا وُجُوْهَكُمْ قِبَلَ

(مسلمانو!) نیکی یہی نہیں کہ (نماز میں) اپنا منہ مشرق کی طرف کر لو یا

الْمَشْرِقِ وَالْمَغْرِبِ وَلٰكِنَّ الْبِرَّ مَنْ اٰمَنَ

مغرب کی طرف کرو بلکہ (اصل) نیکی تو اُن کی ہے جو

بِاللّٰهِ وَالْيَوْمِ الْاٰخِرِ وَالْمَلٰٓئِكَةِ وَالْكِتٰبِ

اللہ اور روزِ آخرت اور فرشتوں اور (آسمانی) کتابوں

وَالنَّبِيّٖنَ ۚ وَاٰتَى الْمَالَ عَلٰى حُبِّهٖ ذَوِي

اور پیغمبروں پر ایمان لائے اور مال (عزیز) اللہ کی محبت پر رشتہ داروں

الْقُرْبٰى وَالْيَتٰمٰى وَالْمَسٰكِيْنَ وَابْنَ

اور یتیموں اور محتاجوں اور مسافروں اور

السَّبِيْلِ ۙ وَالسَّآئِلِيْنَ وَفِي الرِّقَابِ ۚ وَاَقَامَ

مانگنے والوں کو دیا اور غلامی وغیرہ کی قید سے لوگوں کی گردنیں کے چھڑانے میں (دیا)

Such are they who are sincere. Such are the Godfearing.

الصَّلٰوةَ وَاٰتَى الزَّكٰوةَ ۚ وَالْمُوْفُوْنَ بِعَهْدِهِمْ

اور نماز پڑھتے اور زکوٰۃ دیتے رہے اور جب (کسی بات کا) اقرار کر لیا تو اپنے

اِذَا عٰهَدُوْا ۚ وَالصّٰبِرِيْنَ فِى الْبَاْسَآءِ وَ

قول کے پورے اور تنگی اور تکلیف میں اور ہلا چلی کے وقت

الضَّرَّآءِ وَحِيْنَ الْبَاْسِ ۗ اُولٰٓئِكَ الَّذِيْنَ

ثابت قدم رہے یہی لوگ ہیں جو (دعوئے اسلام

صَدَقُوْا ۗ وَاُولٰٓئِكَ هُمُ الْمُتَّقُوْنَ ○

میں) سچے نکلے، اور یہی ہیں (جن کو) پرہیزگار (کہنا چاہیئے)

2. The (true) Believers are those only who believe in Allah and His messenger and afterward doubt not, but strive with their wealth and their lives for the cause of Allah. Such are the sincere.

٢- اِنَّمَا الْمُؤْمِنُوْنَ الَّذِيْنَ اٰمَنُوْا بِاللّٰهِ وَ

(بس سچے) مسلمان تو وہ ہیں جو اللہ اور اس کے رسول پر ایمان لائے اور

رَسُوْلِهٖ ثُمَّ لَمْ يَرْتَابُوْا وَجٰهَدُوْا بِاَمْوَالِهِمْ

پھر (کسی طرح کا) شک (و شبہ) نہیں کیا اور اللہ کے رستے میں اپنی جان و

وَاَنْفُسِهِمْ فِىْ سَبِيْلِ اللّٰهِ ۗ اُولٰٓئِكَ هُمُ

مال سے کوشش کی (حقیقت میں) یہی سچے

الصّٰدِقُوْنَ ○

(مسلمان) ہیں

Who will enter Paradise

مَنْ يَّدْخُلُ الْجَنَّةَ

جنت میں کون لوگ جائیں گے

1. And those who believe and do good works: such are rightful owners of

١- وَالَّذِيْنَ اٰمَنُوْا وَعَمِلُوا الصّٰلِحٰتِ اُولٰٓئِكَ

اور جو لوگ ایمان لائے، اور انہوں نے نیک عمل بھی کئے ایسے ہی لوگ

the Garden. They will abide therein.

أَصْحٰبُ الْجَنَّةِ هُمْ فِيهَا خٰلِدُونَ ○ البقرة

جنتی ہیں کہ وہ ہمیشہ (ہمیشہ) جنت میں رہیں گے

2. It will not be in accordance with your desires, nor the desires of the People of the Scripture. He who doeth wrong will have the recompense thereof, and will not find against Allah any protecting friend or helper. And whoso doeth good works, whether a male or a female, and he (or she) is a believer, such will enter paradise and they will not be wronged the dint in a datestone.

۲- لَيْسَ بِأَمَانِيِّكُمْ وَلَا أَمَانِيِّ أَهْلِ الْكِتٰبِ ؕ

(مسلمانو! فلاحِ عاقبت) نہ تمہاری آرزوؤں پر (موقوف ہے) اور نہ اہلِ کتاب کی

مَنْ يَعْمَلْ سُوٓءًا يُّجْزَ بِهٖ وَلَا يَجِدْ لَهٗ مِنْ

آرزوؤں پر (بلکہ عمل پر موقوف ہے تو) جو شخص بُرا کام کریگا اس کی سزا پائیگا اور

دُوْنِ اللّٰهِ وَلِيًّا وَّلَا نَصِيرًا ○ وَمَنْ يَّعْمَلْ

خدا کے سوا اس کو نہ (تو) کوئی حمایتی (ہی) ملیگا اور نہ مددگار، اور جو شخص کوئی نیک

مِنَ الصّٰلِحٰتِ مِنْ ذَكَرٍ اَوْ اُنْثٰى وَهُوَ

کام کرے گا مرد ہو یا عورت اور وہ ایمان بھی

مُؤْمِنٌ فَاُولٰٓئِكَ يَدْخُلُوْنَ الْجَنَّةَ وَ

رکھتا ہوگا، تو یہ (یعنی ان صفتوں کے لوگ) جنت میں (جا) داخل ہونگے اور

لَا يُظْلَمُوْنَ نَقِيْرًا ○ النساء

تل برابر اُن کی حق تلفی نہ ہوگی

3. Those who avoid enormities of sin and abominations save the unwilled offences, (for them) surely thy Lord is of vast Mercy.

۳- اَلَّذِيْنَ يَجْتَنِبُوْنَ كَبٰٓئِرَ الْاِثْمِ وَالْفَوَاحِشَ

(نیک عمل کرنیوالوں سے وہ مراد ہیں) جو بڑے بڑے گناہوں اور بیحیائی کے کاموں سے

اِلَّا اللَّمَمَ ؕ اِنَّ رَبَّكَ وَاسِعُ الْمَغْفِرَةِ ؕ النجم

بچتے ہیں مگر چھوٹے چھوٹے گناہ (اے پیغمبر!) بیشک تمہارے پروردگار کی مغفرت (بڑی) وسیع ہے

4. He only shall tend Allah's sanc-

۴- اِنَّمَا يَعْمُرُ مَسٰجِدَ اللّٰهِ مَنْ اٰمَنَ بِاللّٰهِ

اللہ کی مسجدوں کو وہی آباد رکھتا ہے جو اللہ اور روزِ آخرت پر

tuaries who believeth in Allah and the Last Day and observeth proper worship and payeth the poor-due and feareth none save Allah. For such (only) is it possible that they can be of the rightly guided.

وَالْيَوْمِ الْاٰخِرِ وَاَقَامَ الصَّلٰوةَ وَاٰتَى الزَّكٰوةَ

ایمان لایا ، اور نماز پڑھتا اور زکوٰۃ دیتا رہا

وَلَمْ يَخْشَ اِلَّا اللّٰهَ فَعَسٰۤى اُولٰۤئِكَ اَنْ

اور جس نے خدا کے سوا کسی کا ڈر نہ مانا تو ایسے لوگوں کی نسبت توقع

يَّكُوْنُوْا مِنَ الْمُهْتَدِيْنَ ○

کی جا سکتی ہے کہ (آخرکار) ان لوگوں میں (جا شامل) ہونگے جو منزل مقصود پر پہنچے

Who is a disbeliever

مَنْ هُوَ الْكَافِرُ

کافر کون ہے؟

Surely those who disbelieve in Allah and His Messengers, and seek to make distinction between Allah and His Messengers and say: "We believe in some and disbelieve in others", and seek to choose a way in between such, are disbelievers in truth, and for disbelievers We have prepared a shameful doom.

اِنَّ الَّذِيْنَ يَكْفُرُوْنَ بِاللّٰهِ وَرُسُلِهٖ وَ

جو لوگ اللہ اور اس کے رسولوں سے برگشتہ ہیں اور اللہ اور اس کے

يُرِيْدُوْنَ اَنْ يُّفَرِّقُوْا بَيْنَ اللّٰهِ وَرُسُلِهٖ

رسولوں میں جدائی ڈالنا چاہتے ہیں

وَيَقُوْلُوْنَ نُؤْمِنُ بِبَعْضٍ وَّنَكْفُرُ بِبَعْضٍ

اور کہتے ہیں کہ ہم بعض (پیغمبروں) کو مانتے ہیں اور بعض کو نہیں مانتے

وَّيُرِيْدُوْنَ اَنْ يَّتَّخِذُوْا بَيْنَ ذٰلِكَ سَبِيْلًا ○

اور چاہتے ہیں کہ (پیغمبروں میں مغایرت قرار دیکر) کفر و ایمان کے بیچ بیچ (کوئی دوسرا)

اُولٰۤئِكَ هُمُ الْكٰفِرُوْنَ حَقًّا ۚ وَاَعْتَدْنَا

راستہ اختیار کریں (تو) ایسے لوگ یقیناً کافر ہیں ، اور کافروں کے لئے ہم نے

لِلْكٰفِرِيْنَ عَذَابًا مُّهِيْنًا ○

ذلت کا عذاب تیار کر رکھا ہے

Who is a hiypocrite

The hypocritvs, both men and women, proceed one from another. They enjoin the wrong, and they forbid the right, and they withhold their hands (from spending for the cause of Allah). They forgot Allah, so He hath forgotten them. Surely the hypocrites, they are the transgressors.

مَنْ هُوَ الْمُنَافِقُ

منافق کس کو کہتے ہیں

وقف لازم

اَلْمُنٰفِقُوْنَ وَالْمُنٰفِقٰتُ بَعْضُهُمْ مِّنْۢ بَعْضٍ

منافق مرد اور منافق عورتیں ایک کے ہمجنس ایک بُرے کام (کرنے) کی (لوگوں کو)

يَاْمُرُوْنَ بِالْمُنْكَرِ وَيَنْهَوْنَ عَنِ الْمَعْرُوْفِ

صلاح دیں اور بھلے کاموں (کے کرنے) سے منع کریں اور (خدا کی راہ میں خرچ

وَيَقْبِضُوْنَ اَيْدِيَهُمْ ؕ نَسُوا اللّٰهَ فَنَسِيَهُمْ ؕ

کرنے کا وقت آئے تو) اپنی مٹھیاں بھینچ بھینچ لیں (حقیقتِ حال یہ ہے کہ) اُن لوگوں نے

اِنَّ الْمُنٰفِقِيْنَ هُمُ الْفٰسِقُوْنَ ۝

(التوبہ)

اللہ کو بھلا دیا تو اسکے بدلہ میں گویا) اللہ نے انکو بھلا دیا کچھ شک نہیں کہ منافق بڑے سرکش ہیں

CHAPTER VI

اَلْبَابُ السَّادِسُ

چھٹا باب

How a Muslim should behave towards a non-Muslim

كَيْفَ الْمُعَاشَرَةُ بَيْنَ الْمُسْلِمِيْنَ وَغَيْرِ الْمُسْلِمِيْنَ

مسلمان کو غیر مسلم کے ساتھ کس طرح پیش آنا چاہیئے

Should Muslims use highhandedness against a non-Muslim in religious matters

هَلْ يَجُوْزُ لِلْمُسْلِمِ اَنْ يُّكْرِهَ غَيْرَ الْمُسْلِمِ فِي الدِّيْنِ

کیا مسلمانوں کو غیر مسلم کے ساتھ دینی معاملات میں زبردستی کرنی چاہیئے

1. There is no compulsion in religion.

۱۔ لَآ اِكْرَاهَ فِي الدِّيْنِ قف البقرة

دین میں زبردستی نہیں

2. We are Best Aware of what they say, and thou (O Prophet!) art in no wise a compeller over them. But warn by the Qur'an him who feareth My threat.

۲۔ نَحْنُ اَعْلَمُ بِمَا يَقُوْلُوْنَ وَمَآ اَنْتَ

(اے پیغمبر!) یہ لوگ جو (تمہاری نسبت) کہتے ہیں ہم خوب جانتے ہیں اور تم ان

عَلَيْهِمْ بِجَبَّارٍ قف فَذَكِّرْ بِالْقُرْاٰنِ مَنْ

پر (حاکم) جابر (تو ہو) نہیں (کہ بزور اُن کو مسلمان کرو، تمہارا کام) تو (یہ ہے کہ)

يَّخَافُ وَعِيْدِ ۝ ق

جو شخص ہمارے عذاب سے ڈرتا ہے اُس کو قرآن سُنا سُنا کر سمجھاتے رہو

3. Whoso obeyeth the Messenger hath obeyed Allah, and whoso turneth away: We have not sent thee as a Warder over him.

۳۔ مَنْ يُّطِعِ الرَّسُوْلَ فَقَدْ اَطَاعَ اللّٰهَ

جس نے رسُول کا حکم مانا اس نے اللہ کا حکم مانا، اور جو پھر بیٹھا تو اے پیغمبر تم سے

وَمَنْ تَوَلّٰى فَمَآ اَرْسَلْنٰكَ عَلَيْهِمْ حَفِيْظًا ۝ النساء

(اس کی کچھ بازپرس نہیں کیونکہ) ہم نے تم کو کچھ اُن لوگوں کا پاسبان بنا کر نہیں بھیجا

The unparalleled tolerance of Islam

Say (O Prophet): We believe in Allah and that which was revealed unto Abraham and Ishmael and Isaac and Jacob and the tribes, and that which was vouchsafed unto Moses and Jesus and the (other) prophets from their Lord. We make no distinction between any of them, and unto Him we have surrendered.

Can anyone be associated with Allah

1. And serve Allah (alone) and ascribe nothing as partner unto Him.

2. Therefore invoke not with Allah another god, lest thou be one of the doomed.

مَاهُوَ الْاِسْلَامُ وَمَا هِيَ مُدَارَاتُهُ النَّادِرَةُ

اسلام اور اس کی بے مثل رواداری کیا ہے

قُلْ اٰمَنَّا بِاللّٰهِ وَمَآ اُنْزِلَ عَلَيْنَا وَمَآ اُنْزِلَ

(اے پیغمبر! اُن لوگوں سے) کہو کہ (ہمارا دین تو یہ ہے کہ) ہم اللہ پر ایمان لائے

عَلٰٓى اِبْرٰهِيْمَ وَاِسْمٰعِيْلَ وَاِسْحٰقَ وَيَعْقُوْبَ

اور جو کتاب ہم پر اُتری ہے اُس پر اور جو صحیفے ابراہیم اور اسمٰعیل اور اسحٰق اور

وَالْاَسْبَاطِ وَمَآ اُوْتِيَ مُوْسٰى وَعِيْسٰى

یعقوب اور اولادِ یعقوب پر اُترے اُن پر اور موسیٰ اور عیسیٰ اور دوسرے پیغمبروں کو

وَالنَّبِيُّوْنَ مِنْ رَّبِّهِمْ ۚ لَا نُفَرِّقُ بَيْنَ

جو کتابیں انکے پروردگار کی طرف سے عنایت ہوئیں اُن پر ہم تو ان (پیغمبروں) میں سے

اَحَدٍ مِّنْهُمْ وَنَحْنُ لَهٗ مُسْلِمُوْنَ ۝ پ۳ آل عمران

کسی ایک میں فرق نہیں کرتے اور ہم اسی (ایک خدا) کو مانتے ہیں،

اَيُتَّخَذُ مَعَ اللّٰهِ اِلٰهًا اٰخَرَ

کیا کسی کو خدا کا شریک ٹھیرایا جا سکتا ہے

۱- وَاعْبُدُوا اللّٰهَ وَلَا تُشْرِكُوْا بِهٖ شَيْـًٔا ط پ۵ النساء

اور اللہ ہی کی عبادت کرو، اور اس کے ساتھ کسی چیز کو شریک مت ٹھہراؤ

۲- فَلَا تَدْعُ مَعَ اللّٰهِ اِلٰهًا اٰخَرَ فَتَكُوْنَ

تو اے پیغمبر! تم خدا کے ساتھ کسی دوسرے کو معبود نہ پکارنے لگنا ورنہ (اور

مِنَ الْمُعَذَّبِيْنَ ۝ پ۱۹ الشعراء

مشرکوں کی طرح) تم بھی مبتلائے عذاب ہو جاؤ گے

3. And there are no helplers for tne unjust.

۳- وَمَا لِلظّٰلِمِيْنَ مِنْ اَنْصَارٍ ○

اور جو لوگ غیر اللہ کی منت مان کر خدا کا حق مارتے ہیں قیامت کے دن انکا کوئی مددگار نہ ہوگا

Which is the straying of the worst type

مَا هُوَ الضَّلَالُ الْبَعِيْدُ

پرلے درجہ کی گمراہی کیا ہے

He calleth, beside Allah, unto that which hurteth him not nor benefitteth him. That is the far error.

يَدْعُوْا مِنْ دُوْنِ اللّٰهِ مَا لَا يَضُرُّهٗ وَمَا لَا يَنْفَعُهٗ ۚ ذٰلِكَ هُوَ الضَّلٰلُ الْبَعِيْدُ ○

خدا کے سوا ان چیزوں کو (اپنی حاجت روائی کے لئے) بلاتا ہے جو نہ اس کو نقصان ہی پہنچا سکتی ہیں اور نہ اسکو نفع ہی پہنچا سکتی ہیں پرلے درجے کی گمراہی یہی کہلاتی ہے

Which is the sin that shall never be pardoned

مَا هُوَ الْاِثْمُ الَّذِیْ لَا یُغْفَرُ

وہ گناہ کیا ہے جو معاف ہی نہ ہوگا

Surely Allah forgiveth not that a partner should be ascribed unto Him. He forgiveth (all) save that to whom He will. Whoso ascribeth partners to Allah, he hath indeed invented a treme. dous sin.

اِنَّ اللّٰهَ لَا يَغْفِرُ اَنْ يُّشْرَكَ بِهٖ وَيَغْفِرُ مَا دُوْنَ ذٰلِكَ لِمَنْ يَّشَآءُ ۚ وَمَنْ يُّشْرِكْ بِاللّٰهِ فَقَدِ افْتَرٰٓى اِثْمًا عَظِيْمًا ○

اللہ تو اس جرم کو معاف کرنیوالا ہے نہیں کہ اس کے ساتھ کسی کو شریک گردانا جائے، ہاں اسکے سوا گناہ جس کو چاہے معاف کر دے اور جس نے کسی کو خدا کا شریک گردانا تو اس نے بہت بڑے گناہ کا ارتکاب کیا

Is it lawful for a Muslim to malign the dieties of the non-Muslims

هَلْ يَجُوْزُ لِلْمُسْلِمِ اَنْ يَّسُبَّ الَّذِيْنَ يَدْعُوْنَ مِنْ دُوْنِ اللّٰهِ

کیا مسلمان کے لئے غیر مسلم کے معبودوں کو برا کہنا جائز ہے

Relvile not those whom they pray beside Allah lest they

وَلَا تَسُبُّوا الَّذِيْنَ يَدْعُوْنَ مِنْ دُوْنِ اللّٰهِ

اور مسلمانو! جو خدا کے سوا دوسرے معبودوں کو (حاجت روائی کیلئے) بلاتے ہیں

wrongfully revile Allah through ignorance.

فيسبوا الله عدوا بغير علم ط

(یعنی انکی پرستش کیا کرتے ہیں انکو برا نہ کہو کہ وہ بھی) براہِ نادانی ناحق خدا کو برا کہہ بیٹھیں گے

Can a Muslim deprive a non-Muslim of his share in inheritance

هل يحرم المسلم غير المسلمين من ورثتهم

کیا مسلمان غیر مسلم کو اس کے ورثہ سے محروم کر سکتا ہے

And those who disbelieve are protectors one of another (let them inherit one another's property). If ye do not so, there will be confusion in the land, and great corruption.

والذين كفروا بعضهم أولياء بعض ط إلا

اور کافر ایک کے وارث ایک (ان کو ایک دوسرے کی میراث لینے دو) ایسا نہ کرو گے

تفعلوه تكن فتنة في الأرض وفساد كبير ○ ط

تو ملک میں شورش پھیل جائے گی اور بڑا فساد (مچے گا)

Should Muslims enter into peace with the disbelievers

هل يجوز للمسلمين أن يلقوا السلم إلى غير المسلمين أم لا

مسلمانوں کو غیر مسلموں سے صلح کرنی چاہیئے یا نہیں

And if they incline to peace, incline thou also to it, and trust in Allah. Surely He is the Hearer, the Knower. And if they would deceive thee then surely Allah is Sufficient for thee.

وإن جنحوا للسلم فاجنح لها وتوكل على

اور (اے پیغمبر) اگر وہ (کافر) صلح کی طرف جھکیں تو تم بھی اس کی طرف جھکو اور اللہ

الله ط إنه هو السميع العليم ○ وإن يريدوا

پر بھروسہ رکھو کیونکہ وہی سب کی سنتا (اور سب کچھ) جانتا ہے اور اگر ان کا ارادہ

أن يخدعوك فإن حسبك الله ط

تم سے دغا کرنے کا (بھی) ہوگا تاہم (تم کچھ پروا نہ کرنا) اللہ تم کو کافی ہے

Should Muslims enter into covenants with the disbelievers

أينبغي للمسلمين أن يوفوا بعهد المشركين أم لا

مسلمانوں کو غیر مسلموں سے عہد و پیمان وفا کرنا چاہیئے یا نہیں؟

Excepting those of the idolators with whom ye (Muslims)

إلا الذين عاهدتم من المشركين ثم لم

ہاں مشرکین میں سے جن کے ساتھ تم (مسلمانوں) نے صلح کا عہد (و پیمان) کر رکھا

have a treaty, and who have since abated nothing of your right nor have supported anyone against you. (As for these) fulfil their treaty to them till their term. Surely Allah loveth those who keep their duty (unto Him).

يَنْقُصُوْكُمْ شَيْئًا وَّلَمْ يُظَاهِرُوْا عَلَيْكُمْ

تھا پھر انہوں نے (ایفائے عہد میں) تمہارے ساتھ کسی طرح کی کمی نہیں کی اور نہ تمہارے

اَحَدًا فَاَتِمُّوْٓا اِلَيْهِمْ عَهْدَهُمْ اِلٰى مُدَّتِهِمْ ؕ

مقابلہ میں کسی کی مدد کی تو اُنکے ساتھ جو عہد (وپیمان) ہے اسے اس مدت تک جو اُن

اِنَّ اللّٰهَ يُحِبُّ الْمُتَّقِيْنَ ۝ التوبۃ: ۴

کے ساتھ ٹھہری تھی پورا کرو کیونکہ اللہ اُن لوگوں کو جو (بدعہدی سے) بچتے ہیں دوست رکھتا ہے

Should Muslims give refuge to the polytheist

هَلْ يَجُوْزُ لِلْمُسْلِمِيْنَ اِجَارَةُ مُسْتَجِيْرٍ مُّشْرِكٍ

مسلمانوں کو مشرک کو پناہ دینی چاہئے یا نہیں؟

And if anyone of the idolators seeketh thy protection (O Prophet!), then protect him so that he may hear the Word of Allah, and afterward convey him to his place of safety. That is because they are a folk who know not.

وَاِنْ اَحَدٌ مِّنَ الْمُشْرِكِيْنَ اسْتَجَارَكَ فَاَجِرْهُ

اور (اے پیغمبر) اگر کوئی مشرکین میں سے شخص تم سے پناہ کا خواستگار ہو تو اس کو پناہ دو

حَتّٰى يَسْمَعَ كَلٰمَ اللّٰهِ ثُمَّ اَبْلِغْهُ مَاْمَنَهٗ ؕ

یہانتک کہ وہ (اطمینان سے) کلامِ خدا سُن (سمجھ) لے پھر اُسکو اسکے امن کی جگہ واپس

ذٰلِكَ بِاَنَّهُمْ قَوْمٌ لَّا يَعْلَمُوْنَ ۝ التوبۃ: ۶

پہنچا دو یہ (رعایت ان لوگوں کے حق میں) اس وجہ سے ہے کہ یہ لوگ (اسلام کی حقیقت سے) واقف نہیں

What should the Muslims do in case non-Muslims misbehave

مَاذَا يَفْعَلُ الْمُسْلِمُوْنَ اِذَا اٰذَاهُمُ الْاَعْدَاۗءُ

مخالف ایذا پہنچائیں تو مسلمان کو کیا کرنا چاہئے

And endure thou patiently (O Prophet!). Thine endurance is only by (the help of) Allah. Grieve not for them, and be not in distress because of that which they devise.

وَاصْبِرْ وَمَا صَبْرُكَ اِلَّا بِاللّٰهِ وَلَا تَحْزَنْ

اور (اے پیغمبر) تم مخالفوں کی ایذاؤں پر صبر کرو اور خدا کی توفیق کے بدون تم صبر

عَلَيْهِمْ وَلَا تَكُ فِيْ ضَيْقٍ مِّمَّا يَمْكُرُوْنَ ۝

کر ہی نہیں سکتے اور ان (مخالفوں کے حال) پر افسوس نہ کرو اور یہ لوگ جو (تمہاری مخالفت

Surely Allah is with those who fear (Him) and those who do good.

إِنَّ اللّٰهَ مَعَ الَّذِيْنَ اتَّقَوْا وَّالَّذِيْنَ هُمْ

میں تدبیریں کیا کرتے ہیں اُن سے تنگدل نہ ہو کیونکہ جو لوگ پرہیزگاری کرتے ہیں اور جو

مُّحْسِنُوْنَ ○

لوگوں کے ساتھ حسنِ سلوک سے پیش آتے ہیں اللہ اُن کا ساتھی ہے

پ النحل

What should the Muslim do if the non-Muslims say evil things against him

مَاذَا يَفْعَلُ الْمُسْلِمُ إِذَا أَسَاءَ بِهٖ غَيْرُ الْمُسْلِمِيْنَ قَوْلًا

غیر مسلم مسلمان کے بارے میں بُری باتیں کریں تو مسلمان کو کیا کرنا چاہیئے

And bear with patience what they utter, and part from them with a fair leave-taking.

وَاصْبِرْ عَلٰى مَا يَقُوْلُوْنَ وَاهْجُرْهُمْ

اور کافر جیسی جیسی باتیں (تمہاری نسبت) کہتے ہیں اُن پر صبر کرو اور وضعداری کے

هَجْرًا جَمِيْلًا ○

ساتھ اُن سے الگ تھلگ رہو

پ المزمل

What should the Muslims do if non-Muslims boycott them

مَا يَنْبَغِيْ لِلْمُسْلِمِيْنَ إِذَا قَطَعَ غَيْرُ الْمُسْلِمِيْنَ الصِّلَاتِ

غیر مسلم بائیکاٹ کر دیں تو مسلمانوں کو کیا کرنا چاہیئے

And if ye fear poverty (from the loss of their merchandise) Allah shall preserve you of His Bounty if He will. Surely Allah is Knower, Wise.

وَإِنْ خِفْتُمْ عَيْلَةً فَسَوْفَ يُغْنِيْكُمُ اللّٰهُ مِنْ

اور اگر (اُنکے ساتھ لین دین بند ہو جانے سے) تم کو مفلسی کا اندیشہ ہو تو خدا (پر بھروسہ رکھو وہ) چاہیگا

فَضْلِهٖٓ إِنْ شَاۤءَ ۭ إِنَّ اللّٰهَ عَلِيْمٌ حَكِيْمٌ ○

تو تم کو اپنے فضل سے غنی کر دیگا بیشک خدا (سب کی نیتوں کو) جانتا اور حکمت والا ہے

پ التوبۃ

How should Muslims behave towards their opponents in a religious discussion

مَاذَا يَعْمَلُ الْمُسْلِمُوْنَ مَعَ الْخَصْمِ فِي الْمُجَادَلَةِ عَنِ الدِّيْنِ

دین کی بحث میں مخالفوں کے ساتھ مسلمانوں کو کیا کرنا چاہیئے

If ye punish, then punish with the like

وَإِنْ عَاقَبْتُمْ فَعَاقِبُوْا بِمِثْلِ مَا عُوْقِبْتُمْ

اور مسلمانو! دین کی بحث میں مخالفوں کے ساتھ سختی بھی کرو جیسے تمہارے ساتھ کی گئی ہو

of that wherewith ye were afflicted. But if ye endure patiently, verily it is better for the patient.

بِهٖ ط وَلَئِنْ صَبَرْتُمْ لَهُوَ خَيْرٌ لِّلصّٰبِرِيْنَ ○ (النحل)

اور اگر لوگوں کی ایذاؤں پر صبر کرو تو بہر حال صبر کرنیوالوں کے حق میں بہتر ہے،

How should a Muslim talk to the opponents of Islam

كَيْفَ يَتَكَلَّمُ الْمُسْلِمُوْنَ مَعَ اَعْدَآءِ الْاِسْلَامِ

مسلمانوں کو مخالفین اسلام سے گفتگو کس طرح کرنی چاہیئے

Tell My bondmen to speak that which is kindlier. Surely the devil soweth discord among them. Surely the devil is for man an open foe.

وَقُلْ لِّعِبَادِيْ يَقُوْلُوا الَّتِيْ هِيَ اَحْسَنُ ط اِنَّ

اور (اے پیغمبر) ہمارے بندوں (یعنی مسلمانوں) کو سمجھاؤ کہ (مخالفین اسلام سے کوئی بات

الشَّيْطٰنَ يَنْزَغُ بَيْنَهُمْ ط اِنَّ الشَّيْطٰنَ كَانَ

کہیں بھی تو) ایسی کہیں کہ وہ (اخلاق کے اعتبار سے) بہتر ہو کیونکہ شیطان (سخت بات

لِلْاِنْسَانِ عَدُوًّا مُّبِيْنًا ○ (بنی اسرائیل)

کہلوا کر) لوگوں میں فساد ڈلواتا ہی (اور) اس میں شک نہیں کہ شیطان انسان کا کھلا دشمن ہے

What should a Muslim do in case of discussion with the people of the book

مَاذَا يَعْمَلُ الْمُسْلِمُوْنَ فِيْ مُجَادَلَةِ اَهْلِ الْكِتٰبِ

اہل کتاب سے جھگڑا پیش آئے تو مسلمانوں کو کیا کرنا چاہیئے

And argue not with the people of the Scripture unless it be in (a way) that is better.

وَلَا تُجَادِلُوْٓا اَهْلَ الْكِتٰبِ اِلَّا بِالَّتِيْ هِيَ اَحْسَنُ (العنکبوت)

اور (مسلمانو) اہل کتاب کے ساتھ جھگڑا نہ کیا کرو مگر ایسی طرح پر کہ وہ نہایت عمدہ اور شائستہ ہو

What to do if the people of the book use highhandedness

مَاذَا يَفْعَلُ بِاَهْلِ الْكِتٰبِ اِذَا ظَلَمُوْا

اہل کتاب زیادتی کریں تو کیا کرنا چاہیئے

Save with such of them as do wrong; and say: We believe in that which hath been revealed unto us and revealed unto

اِلَّا الَّذِيْنَ ظَلَمُوْا مِنْهُمْ وَقُوْلُوْٓا اٰمَنَّا بِالَّذِيْٓ

ہاں جو لوگ ان میں سے زیادتی کریں (تو ان کو ترکی بہ ترکی جواب دینے کا مضائقہ نہیں

اُنْزِلَ اِلَيْنَا وَاُنْزِلَ اِلَيْكُمْ وَاِلٰهُنَا وَاِلٰهُكُمْ

اور ان لوگوں سے) کہو کہ جو (کتاب) ہم پر نازل ہوئی اور جو (کتابیں) تم پر نازل ہوئیں ہم

you; our God and your God is One, and unto Him we surrender.

وَاحِدٌ وَّنَحْنُ لَهٗ مُسْلِمُوْنَ ○

تو سب ہی کو مانتے ہیں اور ہمارا خدا اور تمہارا خدا ایک ہی ہے اور ہم اسی کے فرمانبردار ہیں

پ۲۱ العنکبوت (29)

Should a Muslim obey a non-Muslim

هَلْ يَجُوْزُ لِلْمُسْلِمِ اَنْ يُّطِيْعَ غَيْرَ الْمُسْلِمِيْنَ

کیا مسلمان کو غیر مسلم کے کہنے میں آنا چاہیئے

O Prophet! Keep thy duty to Allah and obey not the disbelievers and the hypocrites. Surely Allah is Knower, Wise.

يٰۤاَيُّهَا النَّبِيُّ اتَّقِ اللّٰهَ وَلَا تُطِعِ الْكٰفِرِيْنَ وَ

اے پیغمبر! خدا ہی سے ڈرتے رہو اور کافروں اور منافقوں (سے ڈر کر ان) کے کہنے

الْمُنٰفِقِيْنَ ؕ اِنَّ اللّٰهَ كَانَ عَلِيْمًا حَكِيْمًا ۙ○

میں نہ آجانا، بیشک اللہ (سب کے حال سے) واقف اور حکمت والا ہے

پ۲۱ الاحزاب

What will you get if you help Islam

مَا جَزَآءُ نُصْرَةِ الْاِسْلَامِ

اسلام کی مدد کروگے تو کیا ملے گا

1. O ye who believe! If ye help (the cause of) Allah He will help you and make your foothold firm.

۱- يٰۤاَيُّهَا الَّذِيْنَ اٰمَنُوْۤا اِنْ تَنْصُرُوا اللّٰهَ يَنْصُرْكُمْ

مسلمانو! اگر تم اللہ (کے دین) کی مدد کروگے تو وہ تمہاری مدد کرے گا

وَيُثَبِّتْ اَقْدَامَكُمْ ○

اور (دشمنوں کے مقابلہ میں) تمہارے پاؤں جمائے رکھے گا

پ۲۶ محمد

2. Verily Allah helpeth one who helpeth Him. Surely Allah is Strong, Almighty.

۲- وَلَيَنْصُرَنَّ اللّٰهُ مَنْ يَّنْصُرُهٗ ؕ اِنَّ

اور جو اللہ کی مدد کریگا اللہ بھی ضرور اس کی مدد کریگا، کچھ شک و شبہ نہیں کہ

اللّٰهَ لَقَوِيٌّ عَزِيْزٌ ○

اللہ زبردست (اور سب پر) غالب ہے

پ۱۷ الحج (22)

What is Islamic trade

O ye who believe! Shall I show you a commerce that will save you from a painful doom? Ye should believe in Allah and His Messenger, and should strive for the Cause of Allah with your wealth and your lives. That is better for you, if ye did but know. He will forgive you your sins and bring you into Gardens underneath which rivers flow, and pleasant dwellings in Gardens of Eden. That is the supreme triumph. And (He will give you) another blessing which ye love: help from Allah and present victory. Give good tidings (O Prophet!) to believers.

مَا هِيَ التِّجَارَةُ الْإِسْلَامِيَّةُ

اسلامی سوداگری کیا ہے

يٰٓاَيُّهَا الَّذِيْنَ اٰمَنُوْا هَلْ اَدُلُّكُمْ عَلٰى تِجَارَةٍ

(اے پیغمبر) مسلمانوں سے کہو کہ مسلمانو! کہو تو میں تم کو ایسی سوداگری بتاؤں جو تم کو

تُنْجِيْكُمْ مِّنْ عَذَابٍ اَلِيْمٍ ۝ تُؤْمِنُوْنَ بِاللّٰهِ

(آخرت کے) عذاب دردناک سے بچائے (وہ یہ ہے کہ) خدا اور اس کے رسول پر

وَرَسُوْلِهٖ وَتُجَاهِدُوْنَ فِيْ سَبِيْلِ اللّٰهِ

ایمان لاؤ اور خدا کی راہ میں اپنے مال اور اپنی جانیں

بِاَمْوَالِكُمْ وَاَنْفُسِكُمْ ۭ ذٰلِكُمْ خَيْرٌ لَّكُمْ اِنْ

لڑا دو (اور) یہ تمہارے حق میں بہتر ہے بشرطیکہ تم کو

كُنْتُمْ تَعْلَمُوْنَ ۝ يَغْفِرْ لَكُمْ ذُنُوْبَكُمْ وَيُدْخِلْكُمْ

سمجھ ہو، (ایسا کروگے تو) خدا تمہارے گناہ معاف کر دیگا اور تم کو (بہشت کے ایسے)

جَنّٰتٍ تَجْرِيْ مِنْ تَحْتِهَا الْاَنْهٰرُ وَمَسٰكِنَ

باغوں میں (بے جا) داخل کریگا جن کے تلے نہریں (پڑی) بہ رہی ہونگی اور نیز (عمدہ) عمدہ

طَيِّبَةً فِيْ جَنّٰتِ عَدْنٍ ۭ ذٰلِكَ الْفَوْزُ الْعَظِيْمُ ۝

مکانات میں (کہ وہ مکانات ہمیشہ ہمیشہ (رہنے) کے باغوں میں (ہونگے یہ بہت) بڑی کامیابی

وَاُخْرٰى تُحِبُّوْنَهَا ۭ نَصْرٌ مِّنَ اللّٰهِ وَفَتْحٌ

ہے اور (ان نعمتوں کے سوا) ایک اور نعمت بھی ہے جس کو تم (دل سے) پسند کرتے ہو (کہ) خدا کی طرف سے

قَرِيْبٌ ۭ وَبَشِّرِ الْمُؤْمِنِيْنَ ۝

(تم کو) مدد (ملیگی) اور (تم) عنقریب (ملک) فتح (کروگے) اور (اے پیغمبر) مسلمانوں کو (اس کی) خوشخبری سنا دو

CHAPTER VII

الباب السابع

ساتواں باب

How Muslims should treat the orphans

كيف يحسن المسلمون الى اليتامى

یتیموں کے ساتھ مسلمانوں کو کیسے پیش آنا چاہیے

Therefore oppress not the orphan.

فاما اليتيم فلا تقهر ○ (الضحى)

یتیم پر (کسی طرح کا) ظلم نہ کرنا

How the orphans are related to the Muslims

ما العلاقة بين المسلمين واليتامى

یتیموں سے مسلمانوں کا کیا رشتہ ہے

And they question thee concerning orphans. Say: To improve their lot is best. And if ye mingle your affairs with theirs, then (they are) your brothers. Allah knoweth him who spoileth from him who improveth. Had Allah willed He would have overburdened you; Allah is Mighty, Wise.

ويسئلونك عن اليتمى قل اصلاح

اور (اے پیغمبر) لوگ تم سے یتیموں کے بارے میں دریافت کرتے ہیں تو (انکی)

لهم خير وان تخالطوهم فاخوانكم

بھلا (کہدو کہ جنہیں) ان یتیموں کی بہتری ہو (وہی) بہتر ہے اور اگر ان سے مل جل کر رہو تو وہ (تمہارے)

والله يعلم المفسد من المصلح و

بھائی ہیں (کوئی غیر نہیں) اور اللہ جانتا ہے بگاڑنے والے کو سنوارنے والے سے الگ

لو شاء الله لاعنتكم ان الله عزيز

پہچانتا ہے اور اگر خدا چاہتا تو تم کو مشکل میں ڈال دیتا، بیشک اللہ زبردست

حكيم ○ (البقرة)

حکمت والا ہے

What to do with the wealth of orphans

ما يجوز أن يفعل في أموال اليتامى

یتیموں کے مال کو کیا کرنا چاہئے

1. And give unto orphans their wealth. and exchange not the good for the bad (in your management thereof).

١- وَآتُوا الْيَتَامَىٰ أَمْوَالَهُمْ وَلَا تَتَبَدَّلُوا

اور یتیموں کے مال اُن کے حوالہ کر دو اور طیب مال کے بدلہ

الْخَبِيثَ بِالطَّيِّبِ

حرام مال نہ لو

2. Nor absorb their wealth into your own wealth. Surely that would be a great sin.

٢- وَلَا تَأْكُلُوا أَمْوَالَهُمْ إِلَىٰ أَمْوَالِكُمْ إِنَّهُ

اور اُن کے مال اپنے مالوں میں ملا کر خورد برد نہ کرو، کیونکہ

كَانَ حُوبًا كَبِيرًا ○

یہ (بہت ہی) بڑا گناہ ہے

3. And if you fear that you will (not be able to) do justice in respect of orphans (you may) take in wedlock such of the women as you like—two, three or (even) four (at a time).

٣- وَإِنْ خِفْتُمْ أَلَّا تُقْسِطُوا فِي الْيَتَامَىٰ

اور اگر تم کو اس بات کا اندیشہ ہو کہ یتیم لڑکیوں (کے بارے) میں انصاف قائم نہ

فَانْكِحُوا مَا طَابَ لَكُمْ مِنَ النِّسَاءِ مَثْنَىٰ

رکھ سکو گے تو اپنی مرضی کے مطابق دو دو تین تین چار چار عورتوں سے

وَثُلَاثَ وَرُبَاعَ

نکاح کرو

What to do with the wealth of minor orphans and how to bring them up

ماذا يفعل بأموال اليتامى السفهاء وكيف يكفلهم المسلمون

کم عقل یتیموں کا مال کیا کرنا چاہئے، اور اُن کی پرورش مسلمانوں کو کیسے کرنی چاہئے

1. And give not unto the unintelligent (what is in)

١- وَلَا تُؤْتُوا السُّفَهَاءَ أَمْوَالَكُمُ الَّتِي جَعَلَ

اور مال جس کو خدا نے تمہارے لئے ایک (طرح کا) سہارا بنا دیا ہے ان (یتیموں)

your (keeping of their) wealth, which Allah hath given you to maintain; but feed and clothe them from it, and speak kindly unto them.

اللّٰهُ لَكُمْ قِيٰمًا وَّارْزُقُوْهُمْ فِيْهَا وَاكْسُوْهُمْ

کے حوالے نہ کرو جو کم عقل ہوں ان کے کھانے پہننے میں صرف کرو

وَقُوْلُوْا لَهُمْ قَوْلًا مَّعْرُوْفًا ۝

اور اُن کو نرمی سے سمجھا دو

2. And test the orphans till they reach the marriageable age; then, if ye find them of sound judgement, deliver unto them their fortunes; and devour them not by squandering and in haste lest they should grow up.

۲- وَابْتَلُوا الْيَتٰمٰى حَتّٰٓى اِذَا بَلَغُوا النِّكَاحَ ۚ

اور یتیموں کو دنیا کے کاروبار میں لگا کر آزماتے رہو یہاں تک کہ نکاح (کی عمر) کو پہنچیں

فَاِنْ اٰنَسْتُمْ مِّنْهُمْ رُشْدًا فَادْفَعُوْٓا اِلَيْهِمْ

اس وقت اگر ان میں صلاحیت دیکھو تو اُن کے مال اُن کے حوالہ کر دو، اور

اَمْوَالَهُمْ ۚ وَلَا تَاْكُلُوْهَآ اِسْرَافًا وَّبِدَارًا

ایسا نہ کرنا کہ اُن کے بڑا ہونے کے اندیشے سے فضول خرچی میں جلدی جلدی

اَنْ يَّكْبَرُوْا ۭ

اُن کا مال کھا (پی) ڈالو

3. Whoso (of the guardians) is rich, let him refrain (from taking anything out of the property of orphans); and whoso is poor let him take thereof in reason (for his guardianship).

۳- وَمَنْ كَانَ غَنِيًّا فَلْيَسْتَعْفِفْ ۚ وَمَنْ

اور جو (ولی سرپرست) صاحبِ مقدور ہو اُسے (مالِ یتیم اپنے اُوپر خرچ کرنے

كَانَ فَقِيْرًا فَلْيَاْكُلْ بِالْمَعْرُوْفِ ۭ

سے) بچا رہنا چاہیئے اور جو حاجتمند ہو وہ دستور کے مطابق (بقدر ضرورت) کھالے (تو مضائقہ نہیں)

4. So when ye deliver up their fortunes unto the orphans, have (the transaction) witnessed in their presence. And Allah Sufficeth as a Reckoner.

۴- فَاِذَا دَفَعْتُمْ اِلَيْهِمْ اَمْوَالَهُمْ فَاَشْهِدُوْا

اور جب اُن کے مال اُنکے حوالہ کرنے لگو تو (لوگوں کو) ان (کے مال لینے) پر گواہ کر لو

عَلَيْهِمْ ۭ وَكَفٰى بِاللّٰهِ حَسِيْبًا ۝

ورنہ حساب لینے کو تو درحقیقت اللّٰہ بس ہے

What will be the consequence of misappropriating the wealth of orphans

Surely those who devour the wealth fully, they do but swallow fire into their bellies, and they will be exposed to burning flames.

ماجزاءُ خیانۃِ اَموالِ الیتامٰی

یتیموں کا مال خرد بُرد کروگے تو کیا ہوگا

اِنَّ الَّذِیْنَ یَاْکُلُوْنَ اَمْوَالَ الْیَتٰمٰی ظُلْمًا

جو لوگ ناحق (ناروا) یتیموں کے مال خورد بُرد کرتے ہیں وہ اپنے پیٹ میں

اِنَّمَا یَاْکُلُوْنَ فِیْ بُطُوْنِهِمْ نَارًا ؕ وَسَیَصْلَوْنَ

بس انگارے بھرتے ہیں، اور عنقریب (مرے پیچھے) دوزخ میں

سَعِیْرًا ۝

پڑیں گے

پ ۴ النساء

Right of minors and orphans

1. And (concerning) the weak among children, (Allah commandeth) that ye should deal justly with orphans. Whatever good ye do, lo! Allah is ever Aware of it.

ما علی المسلمین فی المستضعفین من الولدان و الیتامٰی

مسلمانوں پر بے بس بچوں اور یتیموں کے حقوق کیا ہیں

۱۔ وَالْمُسْتَضْعَفِیْنَ مِنَ الْوِلْدَانِ ۙ وَاَنْ

اور (نیز خدا) بے بس بچوں کے بارے میں (بھی حکم دیتا ہے کہ انکے حقوق کی حفاظت

تَقُوْمُوْا لِلْیَتٰمٰی بِالْقِسْطِ ؕ وَمَا تَفْعَلُوْا

کرو) اور (خاص کر) یتیموں کے حق میں انصاف کو ملحوظ رکھو اور (یتیموں کے ساتھ) کسی قسم کی

مِنْ خَیْرٍ فَاِنَّ اللّٰهَ كَانَ بِهٖ عَلِیْمًا ۝

بھی نیکی کروگے تو اللہ اس کو جانتا ہے (یعنی تم کو اس کا اجر دے گا)

پ ۵ النساء

2. And come not near the wealth of orphan save with that which is better till he come to strength.

۲۔ وَلَا تَقْرَبُوْا مَالَ الْیَتِیْمِ اِلَّا بِالَّتِیْ هِیَ

اور جب تک یتیم اپنی جوانی کو نہ پہنچ لے اس کے مال کے پاس بھی نہ جانا

اَحْسَنُ حَتّٰی یَبْلُغَ اَشُدَّهٗ

مگر ایسی طرح پر کہ (یتیم کے حق میں) بہتر ہو

پ ۱۵ بنی اسرائیل

CHAPTER VIII

اَلْبَابُ الثَّامِنُ

آٹھواں باب

Why are Muslims heading for ruin

مَا سَبَبُ خُسْرَانِ الْمُسْلِمِيْنَ وَذُلِّهِمْ

مسلمان کیوں برباد ہو رہے ہیں؟

1. Whatever of misfortune striketh you, is what your right hands have earned. And He forgiveth much.

۱- وَمَآ اَصَابَكُمْ مِّنْ مُّصِيْبَةٍ فَبِمَا كَسَبَتْ

اور (لوگو!) تم پر جو مصیبت پڑتی ہے تو تمہارے اپنے ہی کرتوت سے اور

اَيْدِيْكُمْ وَيَعْفُوْا عَنْ كَثِيْرٍ ۝

خدا تمہارے بہت (سے قصوروں) سے درگذر کرتا ہے

۴۲ الشورٰی

2. O men! Your rebellion is only against yourselves. (Ye have) enjoyment of the life of the world; then unto Us is your return and We shall proclaim unto you what ye used to do.

۲- يٰٓاَيُّهَا النَّاسُ اِنَّمَا بَغْيُكُمْ عَلٰٓى اَنْفُسِكُمْ

لوگو! تمہاری سرکشی (کا وبال) تمہاری ہی جانوں پر (پڑے گا یہ بھی) دنیا کی (چند

مَّتَاعَ الْحَيٰوةِ الدُّنْيَا ثُمَّ اِلَيْنَا مَرْجِعُكُمْ

روزہ) زندگی کے فائدے ہیں (سو خیر اسکے مزے اڑا لو) آخرکار تم کو ہماری طرف ہی لوٹ کر

فَنُنَبِّئُكُمْ بِمَا كُنْتُمْ تَعْمَلُوْنَ ۝

آنا ہے تو (اس وقت) جو کچھ بھی تم (دنیا میں) کرتے رہے ہو تم کو (اس کا بھلا برا) بتا دیں گے

۱۰ یونس

3. Surely those who oppose Allah and His Messenger, they will be among the lowest.

۳- اِنَّ الَّذِيْنَ يُحَآدُّوْنَ اللّٰهَ وَرَسُوْلَهٗٓ

جو لوگ اللہ اور اس کے رسول کے خلاف کرتے ہیں (آخرکار) وہی ذلیل ترین

اُولٰٓئِكَ فِى الْاَذَلِّيْنَ ۝

لوگوں میں ہوں گے

۵۸ المجادلة

4. And we have prepared for the unjust a grievious chastisement.

5. Then woe unto those whose hearts are hardened against remembrance of Allah! Such are in plain error.

6. And be not ye as those who forget Allah, therefore He caused them to forget their souls. Such are the evil-doers.

7. And how many a community revolted against the Ordinances of its Lord and His messengers, and We called it to a stern account and punished it with dire punishment. So that it tasted the ill effects of its conduct, and the consequence of its conduct was loss.

8. The wandering Arabs say: We believe. Say (unto

٤- وَأَعْتَدْنَا لِلظّٰلِمِيْنَ عَذَابًا أَلِيْمًا ۝ سورۃ الفرقان

اور ہم نے نافرمان لوگوں کے لئے عذاب دردناک تیار کر رکھا ہے

٥- فَوَيْلٌ لِّلْقٰسِيَةِ قُلُوْبُهُمْ مِّنْ ذِكْرِ اللّٰهِ

تو افسوس ہے اُن لوگوں پر جن کے دل یادِ خدا سے (غافل ہو کر) سخت ہو گئے ہیں

أُولٰٓئِكَ فِيْ ضَلٰلٍ مُّبِيْنٍ ۝ سورۃ الزمر

یہی لوگ تو صریح گمراہی میں ہیں

٦- وَلَا تَكُوْنُوْا كَالَّذِيْنَ نَسُوا اللّٰهَ فَأَنْسٰهُمْ

اور ان لوگوں جیسے نہ بنو جنہوں نے خدا کو بھلا دیا تو خدا نے اُن کی ایسی مت

أَنْفُسَهُمْ ۭ أُولٰٓئِكَ هُمُ الْفٰسِقُوْنَ ۝ سورۃ الحشر

ماری کہ اپنے آپ کو بھی بھول گئے، یہی لوگ (تو بڑے) نافرمان ہیں

٧- وَكَأَيِّنْ مِّنْ قَرْيَةٍ عَتَتْ عَنْ أَمْرِ رَبِّهَا

اور بہت سی بستیاں ہو گذری ہیں جن (کے رہنے والوں) نے اپنے پروردگار

وَرُسُلِهٖ فَحَاسَبْنٰهَا حِسَابًا شَدِيْدًا ۙ وَّعَذَّبْنٰهَا

اور اُس کے رسولوں کے حکم سے سرتابی کی تو ہم نے بڑی سختی سے اُن (کے اعمال)

عَذَابًا نُّكْرًا ۝ فَذَاقَتْ وَبَالَ أَمْرِهَا وَ

کا حساب لیا اور اُن کو بُری (سی بُری) سزا دی، تو انہوں نے اپنے اعمال کی سزا

كَانَ عَاقِبَةُ أَمْرِهَا خُسْرًا ۝ سورۃ الطلاق

کا مزا چکھا، اور اُن کا انجام کار گھاٹا (ہی گھاٹا) ہوا

٨- قَالَتِ الْأَعْرَابُ اٰمَنَّا ۭ قُلْ لَّمْ تُؤْمِنُوْا

عرب کے دیہاتی کہتے ہیں کہ ہم ایمان لائے (اے پیغمبر) ان سے کہہ دو کہ تم ایمان

them, O Prophet!): Ye believe not, but rather say "We submit", for the faith hath not yet entered into your hearts. Yet, if ye obey Allah and His messenger, He will not withhold from you aught of (the reward of) your deeds. Lo! Allah is Forgiving, Merciful.

وَلٰكِنْ قُوْلُوْٓا اَسْلَمْنَا وَلَمَّا يَدْخُلِ الْاِيْمَانُ

نہیں لائے ہاں (یوں) کہو کہ ہم مسلمان ہوگئے اور ایمان کا تو ہنوز تمہارے

فِيْ قُلُوْبِكُمْ ۭ وَاِنْ تُطِيْعُوا اللّٰهَ وَرَسُوْلَهٗ

دلوں میں گزر تک بھی نہیں اور اگر تم لوگ اللہ اور اُس کے رسُول کے حکم پر چلو

لَا يَلِتْكُمْ مِّنْ اَعْمَالِكُمْ شَيْـــًٔا ۭ اِنَّ اللّٰهَ

تو اللہ تمہارے عملوں (کے اجر) میں کسی طرح کی کانٹ چھانٹ نہیں کریگا بیشک

غَفُوْرٌ رَّحِيْمٌ ۝

اللہ بخشنے والا مہربان ہے

9. Then withdraw from him who fleeth from Our remembrance and desireth bat the life of the world. Such is their sum of knowledge, Lo! thy Lord is Best Aware of him who strayeth, and He is Best Aware of him who goeth right.

٩- فَاَعْرِضْ عَنْ مَّنْ تَوَلّٰى ڏ عَنْ ذِكْرِنَا وَلَمْ

تو اے پیغمبر! جو شخص ہماری یاد سے رُوگردانی کرے اور دنیا کی زندگی کے سوا اُسکو

يُرِدْ اِلَّا الْحَيٰوةَ الدُّنْيَا ۝ ذٰلِكَ مَبْلَغُهُمْ مِّنَ

کسی اور بات سے غرض و مطلب ہو تو تم ایسے شخص کی ذرا بھی پروا نہ کرو انکی عقل کی

الْعِلْمِ ۭ اِنَّ رَبَّكَ هُوَ اَعْلَمُ بِمَنْ ضَلَّ عَنْ

رسائی یہیں تک ہے، تمہارا پروردگار اُن لوگوں کو خوب جانتا ہے جو اسکے رستے سے

سَبِيْلِهٖ ۙ وَهُوَ اَعْلَمُ بِمَنِ اهْتَدٰى ۝

بھٹکے ہوئے ہیں، اور وہ اُن کو بھی خوب جانتا ہے جو راہِ راست پر ہیں،

10. Allah tasketh not a soul beyond its scope. For it (is only) that which it hath earned, and which it hath deserved.

١٠- لَا يُكَلِّفُ اللّٰهُ نَفْسًا اِلَّا وُسْعَهَا ۭ لَهَا مَا

اللہ کسی شخص پر بوجھ نہیں ڈالتا مگر اُسی قدر جس (کے اُٹھانے) کی طاقت ہو جس نے

كَسَبَتْ وَعَلَيْهَا مَا اكْتَسَبَتْ ۭ

اچھے کام کئے (تو) انکا نفع بھی اسکے لئے ہے اور جس نے بُرے کام کئے (انکا وبال) اسکے لئے ہے

Is it because Allah does Injustice to Muslims that their degradation does not end?

أَيَظْلِمُ اللّٰهُ عَلَى الْمُسْلِمِيْنَ اِذْ لَمْ يَكُوْنُوْا مُفْلِحِيْنَ

کیا خدا مسلمانوں پر ظلم کر رہا ہے جو ان کی حالت نہیں سنبھلتی

1. Surely Allah wrongeth not even of the weight of an ant; and if there is a good deed, He will double it and will give (the doer) from His Presence an immense reward.

۱- اِنَّ اللّٰهَ لَا يَظْلِمُ مِثْقَالَ ذَرَّةٍ ۚ وَاِنْ تَكُ حَسَنَةً يُّضٰعِفْهَا وَيُؤْتِ مِنْ لَّدُنْهُ اَجْرًا عَظِيْمًا ○

اللہ (کسی پر) ذرہ بھر ظلم نہیں کرتا بلکہ اگر کسی نے ذرہ بھر بھی (نیکی (کی) ہو تو اُس کو بڑھاتا اور اپنے پاس سے ثواب عطا فرما دیتا ہے

النساء

2. Surely Allah wrongeth not mankind in aught, but mankind wrong themselves.

۲- اِنَّ اللّٰهَ لَا يَظْلِمُ النَّاسَ شَيْـًٔا وَّلٰكِنَّ النَّاسَ اَنْفُسَهُمْ يَظْلِمُوْنَ ○

اللہ لوگوں پر ذرہ بھر بھی ظلم نہیں کرتا لیکن لوگ (خدا کی نافرمانیوں سے) آپ ہی اپنے اُوپر ظلم کیا کرتے ہیں

یونس

3. And ye have not, besides Allah, any friend or helper.

۳- وَمَا لَكُمْ مِّنْ دُوْنِ اللّٰهِ مِنْ وَّلِيٍّ وَّلَا نَصِيْرٍ ○

اور (مسلمانو!) اللہ کے سوا نہ تو تمہارا کوئی حامی ہے اور نہ کوئی مددگار

البقرة

CHAPTER IX

الباب التاسع

نواں باب

How can Muslims save themselves from ruin

كيف ينقذ المسلمون من الخسران والذل

مسلمان بربادی سے کیسے بچ سکتے ہیں؟

1. O ye who believe! Come, all of you, unto submission (unto Him), and follow not the footsteps of the devil. Surely he is an open enemy for you.

١- يٰٓاَيُّهَا الَّذِيْنَ اٰمَنُوا ادْخُلُوْا فِي السِّلْمِ
مسلمانو! اسلام میں پورے پورے
كَآفَّةً وَّلَا تَتَّبِعُوْا خُطُوٰتِ الشَّيْطٰنِ اِنَّهٗ
آجاؤ اور شیطان کے قدم بقدم نہ چلو وہ
لَكُمْ عَدُوٌّ مُّبِيْنٌ ۝
تمہارا کھلا دشمن ہے

البقرة

2. And follow the better (guidance) of that which is revealed unto you from your Lord, before Allah's punishment overtaketh you while you are unaware (of it).

٢- وَاتَّبِعُوْٓا اَحْسَنَ مَآ اُنْزِلَ اِلَيْكُمْ مِّنْ
اور تمہارے پروردگار کی طرف سے جو اچھی اچھی (نصیحت کی) باتیں تم پر
رَّبِّكُمْ مِّنْ قَبْلِ اَنْ يَّاْتِيَكُمُ الْعَذَابُ
نازل ہوئی ہیں ان پر چلو (مگر) اس سے پہلے کہ یکایک تم پر عذاب آنازل
بَغْتَةً وَّاَنْتُمْ لَا تَشْعُرُوْنَ ۝
ہو اور تم کو (اس کے آنے کی) خبر (بھی) نہ ہو

الزمر

3. Say: O My slaves who have

٣- قُلْ يٰعِبَادِيَ الَّذِيْنَ اَسْرَفُوْا عَلٰٓى
(اے پیغمبر! ان لوگوں سے) کہہ دو کہ ہمارے بندے جنہوں نے (گناہ کر کے) اپنے

been prodigal to their own hurt! Despair not of the Mercy of Allah, certainly Allah forgiveth all sins. Certainly. He is the Forgiving, the Merciful.

أَنْفُسِهِمْ لَا تَقْنَطُوا مِنْ رَّحْمَةِ اللّٰهِ ۭ اِنَّ

اُوپر زیادتیاں کی ہیں   اللہ کی رحمت سے نااُمید نہ ہوں   کیونکہ

اللّٰهَ يَغْفِرُ الذُّنُوْبَ جَمِيْعًا ۭ اِنَّهٗ هُوَ

اللہ تمام گناہوں کو معاف فرماتا ہے (اور)   وہ بیشک   بڑا

الْغَفُوْرُ الرَّحِيْمُ ۝

بخشنے والا   مہربان   ہے

CHAPTER X

اَلْبَابُ الْعَاشِرُ

دسواں باب

Where to find words of wisdom for guidance

اَيْنَ تُوْجَدُ كَلِمٰتُ الْحِكْمَةِ وَالْهُدٰى لِهِدَايَةِ الْاِنْسَانِ

رہبری کے لئے عقل و دانش کی باتیں انسان کو کہاں مل سکتی ہیں

1. This (Qur'an) is a declaration for mankind, a guidance and an admonition unto those who ward off (evil).

۱- هٰذَا بَيَانٌ لِّلنَّاسِ وَهُدًى وَّمَوْعِظَةٌ لِّلْمُتَّقِيْنَ ○

یہ (قرآن) تمام لوگوں کے لئے (کافی) بیان اور متقیوں کے لئے (سرمایہ) ہدایت و نصیحت ہے

(آل عمران)

2. And forsake those who take their religion for a pastime and a jest, and whom the life of the world beguileth. Remind (mankind) thereby lest a soul be destroyed by what it earneth.

۲- وَذَرِ الَّذِيْنَ اتَّخَذُوْا دِيْنَهُمْ لَعِبًا وَّلَهْوًا وَّغَرَّتْهُمُ الْحَيٰوةُ الدُّنْيَا وَذَكِّرْ بِهٖٓ اَنْ تُبْسَلَ نَفْسٌۢ بِمَا كَسَبَتْ

اور جنہوں نے اپنے دین کو کھیل تماشا بنالیا ہے، اور دنیا کی زندگی نے ان کو دھوکے میں ڈال رکھا ہے ایسے لوگوں کو انہی کے حال پر چھوڑ دو اور (موقع پاکر) قرآن کے ذریعہ سے انکو سمجھاتے رہو کہ کہیں ایسا نہ ہو کہ کوئی شخص اپنے کرتوت کے بدلے مبتلائے آفت ہو جائے

(الانعام)

3. Surely it is naught but a Reminder to (His) creatures.

۳- اِنْ هُوَ اِلَّا ذِكْرٰى لِلْعٰلَمِيْنَ ○

یہ قرآن تو دنیا جہان کے لوگوں کے لئے (محض) نصیحت ہے اور بس

(الانعام)

4. And (He commandeth you, saying:) this is My straight path, so

۴- وَاَنَّ هٰذَا صِرَاطِيْ مُسْتَقِيْمًا فَاتَّبِعُوْهُ

اور یہی ہمارا سیدھا رستہ ہے تو اسی پر چلے جاؤ

follow it. Follow not other ways, lest ye be parted from His way. Thus hath He ordained for you, that ye may ward off (evil).

5. And this is a blessed Scripture which We have revealed. So follow it and ward off (evil), that ye may find mercy.

6. We shall award unto those who turn away from Our revelations an evil doom because of their aversion.

7. Surely they who deny Our revelations and scorn them, for them the gates of heaven will not be opened nor will they enter the Garden until the camel goeth through the needle's eye. Thus do we requite the guilty.

وَلَا تَتَّبِعُوا السُّبُلَ فَتَفَرَّقَ بِكُمْ عَنْ سَبِيلِهٖ

اور (دوسرے) رستوں پر نہ پڑلینا کہ یہ تم کو خدا کے رستے سے (بہکا کر) تتر بتر کر دینگے (غرض یہ

ذٰلِكُمْ وَصّٰىكُمْ بِهٖ لَعَلَّكُمْ تَتَّقُوْنَ ۝

(سب وہ باتیں) ہیں جن کا خدا نے تم کو حکم دیا ہے تاکہ تم پرہیزگار بن جاؤ

٥- وَهٰذَا كِتٰبٌ اَنْزَلْنٰهُ مُبٰرَكٌ فَاتَّبِعُوْهُ

اور یہ کتاب (قرآن بھی) ہم ہی نے اس کو اتارا ہے برکت والی (کتاب) ہے تو اسی (کے حکم)

وَاتَّقُوْا لَعَلَّكُمْ تُرْحَمُوْنَ ۝

پر چلو اور خدا سے ڈرتے رہو تاکہ تم پر رحم کیا جائے

٦- سَنَجْزِی الَّذِيْنَ يَصْدِفُوْنَ عَنْ اٰيٰتِنَا

جو لوگ ہماری آیتوں سے کنارہ کشی اختیار کرتے ہیں، ہم عنقریب اُن کی کنارہ کشی

سُوْٓءَ الْعَذَابِ بِمَا كَانُوْا يَصْدِفُوْنَ ۝

کے بدلے اُن کو بڑی مار کی سزا دیں گے

٧- اِنَّ الَّذِيْنَ كَذَّبُوْا بِاٰيٰتِنَا وَاسْتَكْبَرُوْا عَنْهَا

جن لوگوں نے ہماری آیتوں کو جھٹلایا اور اُن سے اکڑ بیٹھے نہ تو

لَا تُفَتَّحُ لَهُمْ اَبْوَابُ السَّمَآءِ وَلَا يَدْخُلُوْنَ

ان کے لئے آسمان کے دروازے کھولے جائیں گے اور نہ وہ بہشت ہی میں داخل

الْجَنَّةَ حَتّٰى يَلِجَ الْجَمَلُ فِیْ سَمِّ الْخِيَاطِ

ہونے پائینگے یہاں تک کہ اُونٹ سوئی کے ناکہ میں سے (ہو کر نہ) گذر جائے

وَكَذٰلِكَ نَجْزِی الْمُجْرِمِيْنَ ۝

اور مجرموں کو ہم ایسی ہی سزا دیا کرتے ہیں

8. Alif, lam, ra. These are the verses of the Book (full) of Wisdom.

۸۔ الٓرٰ تِلْكَ اٰيٰتُ الْكِتٰبِ الْحَكِيْمِ ○

الرا۔ یہ ایسی کتاب کی آیتیں ہیں جس میں (بڑی بڑی) معقول باتیں ہیں

پ ۱۱ یونس

9. Say: In the bounty of Allah and in His Mercy: therein let them rejoice. It is better than what they hoard.

۹۔ قُلْ بِفَضْلِ اللّٰهِ وَبِرَحْمَتِهٖ فَبِذٰلِكَ

(اے پیغمبر ان لوگوں سے) کہو کہ (قرآن) اللہ کے فضل اور اسکی رحمت سے (نازل ہوا ہے)

فَلْيَفْرَحُوْا هُوَ خَيْرٌ مِّمَّا يَجْمَعُوْنَ ○

انہیں اس سے خوش ہونا چاہیئے یہ اس سے (کہیں) بہتر ہے جو وہ جمع کرتے ہیں

پ ۱۱ یونس

10. It is nought else than a reminder unto the peoples.

۱۰۔ اِنْ هُوَ اِلَّا ذِكْرٌ لِّلْعٰلَمِيْنَ ○

یہ (قرآن جو تم سناتے ہو) دنیا جہان کے لئے (سرتاسر) نصیحت (ہی نصیحت) ہے

پ ۱۳ یوسف

11. It is no invented story but a confirmation of the existing (Scripture) and a detailed explanation of every thing, and a guidance and a mercy for a folk who believe.

۱۱۔ مَا كَانَ حَدِيْثًا يُّفْتَرٰى وَلٰكِنْ تَصْدِيْقَ

(قرآن) کوئی بنائی ہوئی بات تو ہے نہیں بلکہ جو (آسمانی کتابیں) اس (کے

الَّذِيْ بَيْنَ يَدَيْهِ وَتَفْصِيْلَ كُلِّ شَيْءٍ

نزول) سے پہلے سے موجود ہیں اُنکی تصدیق کرتا ہے اور اُن لوگوں کے لئے جو

وَّهُدًى وَّرَحْمَةً لِّقَوْمٍ يُّؤْمِنُوْنَ ○

ایمان والے ہیں ہر چیز کا تفصیلی بیان اور ہدایت و رحمت ہے

پ ۱۳ یوسف

12. Alif, lam, ra. These are the verses of the Scripture and the Qur'an which makes (things) clear.

۱۲۔ الٓرٰ تِلْكَ اٰيٰتُ الْكِتٰبِ وَقُرْاٰنٍ

الرا۔ یہ کتاب (الٰہی) اور قرآن واضح کی (چند)

مُّبِيْنٍ ○

آیتیں ہیں

پ ۱۴ الحجر

13. And We have revealed the Scripture unto these as an exposition of all things.

۱۳۔ وَنَزَّلْنَا عَلَيْكَ الْكِتٰبَ تِبْيَانًا لِّكُلِّ شَيْءٍ

اور (اے پیغمبر!) ہم نے تم پر (یہ) کتاب نازل کی ہے جس میں ہر چیز کا بیان

14. And who doth greater wrong than one who hath been reminded of the revelations of his Lord, yet he turneth away from them and forgetteth what his hands send forward (to the Judgment).

۱۴- وَمَنْ اَظْلَمُ مِمَّنْ ذُكِّرَ بِاٰيٰتِ رَبِّهٖ

اور اس سے بڑھ کر ظالم کون جس کو خدا کی آیتیں یاد دلائی جائیں اور

فَاَعْرَضَ عَنْهَا وَنَسِيَ مَا قَدَّمَتْ يَدٰهُ ط

وہ اُن سے رُوگردانی کرے اور اپنے پہلے کرتوت بھول جائے

پ ۱۵ الکہف

15. But it is clear revelations in the hearts of those who have been given knowledge, and none deny Our revelations save wrong-doers.

۱۵- بَلْ هُوَ اٰيٰتٌ بَيِّنٰتٌ فِيْ صُدُوْرِ الَّذِيْنَ اُوْتُوا

مگر جن لوگوں کو عقل دی گئی ہے اُن کے عقیدے میں تو یہ (قرآن) ایسی کھلی کھلی

الْعِلْمَ ط وَمَا يَجْحَدُ بِاٰيٰتِنَآ اِلَّا الظّٰلِمُوْنَ ○

آیتیں ہیں (کہ کوئی منصف مزاج ان سے انکار نہیں کر سکتا) اور جو بے انصاف ہیں وہی ہماری

پ ۲۱ العنکبوت

16. And who doth greater wrong than he who is reminded of the revelations of his Lord, then he turneth from them. Surely We shall requite the guilty.

۱۶- وَمَنْ اَظْلَمُ مِمَّنْ ذُكِّرَ بِاٰيٰتِ رَبِّهٖ

اور اس سے بڑھ کر ظالم کون کہ اُس کو اُسکے پروردگار کی آیتوں (کے ذریعے) سے نصیحت کی

ثُمَّ اَعْرَضَ عَنْهَا ط اِنَّا مِنَ الْمُجْرِمِيْنَ

جائے اور وہ ان سے منہ پھیرے بے شک ہم گنہگاروں سے بدلہ

مُنْتَقِمُوْنَ ○

لے کر رہیں گے

پ ۲۱ السجدۃ

17. This is naught else than a Reminder and a Quran that makes (things) clear, to warn whosoever liveth, and that the Word may be fulfilled against the disbelievers.

۱۷- اِنْ هُوَ اِلَّا ذِكْرٌ وَّقُرْاٰنٌ مُّبِيْنٌ ○ لا لِّيُنْذِرَ

یہ تو بس نری نصیحت اور واضح قرآن ہے (اور اس کے نازل کرنے سے مقصود یہ ہے

مَنْ كَانَ حَيًّا وَّيَحِقَّ الْقَوْلُ عَلَى الْكٰفِرِيْنَ ○

کہ جو زندہ (دل) ہوں اُنکو (عذاب خدا سے) ڈرائے اور کافروں پر اتمام حجت ہو جائے

پ ۲۳ یٰس

18. (This is) A Scripture that We have revealed unto thee, full of blessing, that they may ponder its verses, and that men of understanding may reflect (thereon).

١٨- كِتٰبٌ اَنْزَلْنٰهُ اِلَيْكَ مُبٰرَكٌ لِّيَدَّبَّرُوْٓا

(اے پیغمبر! یہ قرآن بڑی) برکت والی کتاب ہے جو ہم نے تمہاری طرف اتاری ہے

اٰيٰتِهٖ وَلِيَتَذَكَّرَ اُولُوا الْاَلْبَابِ ۝

تاکہ لوگ اسکی آیتوں پر غور کریں اور جو عقل رکھتے ہیں (اسکے مطالب سے) نصیحت پکڑیں

19. Therefore give good tidings to My bondmen who hear advice and follow the best thereof. Such are those whom Allah guideth, and such are men of understanding.

١٩- فَبَشِّرْ عِبَادِ ۝ الَّذِيْنَ يَسْتَمِعُوْنَ الْقَوْلَ

تو (اے پیغمبر!) ہمارے ان بندوں کو خوشخبری سُنا دو جو (ہمارے) کلام کو کان لگا کر

فَيَتَّبِعُوْنَ اَحْسَنَهٗ ؕ اُولٰٓئِكَ الَّذِيْنَ هَدٰىهُمُ

سنتے اور اس کی اچھی اچھی باتوں پر چلتے ہیں، یہی تو وہ لوگ ہیں جن کو

اللّٰهُ وَاُولٰٓئِكَ هُمْ اُولُوا الْاَلْبَابِ ۝

خدا نے (نیک) ہدایت دی ہے، اور یہی تو عقل (سلیم) رکھتے ہیں

20. Do what ye will. Surely. He is Seer of what ye do. Surely those who disbelieve in the Reminder when it cometh unto them (are guilty), for surely it is an unassailable Scripture.

٢٠- اِعْمَلُوْا مَا شِئْتُمْ ۙ اِنَّهٗ بِمَا تَعْمَلُوْنَ بَصِيْرٌ ۝

لوگو! جو چاہو سو کرو جو کچھ بھی تم کرتے ہو خدا اُس کو دیکھ رہا ہے

اِنَّ الَّذِيْنَ كَفَرُوْا بِالذِّكْرِ لَمَّا جَآءَهُمْ ۚ وَ

جن لوگوں کے پاس (قرآن جیسی) نصیحت آئی اور انہوں نے اس کو نہ مانا

اِنَّهٗ لَكِتٰبٌ عَزِيْزٌ ۝ ؕ

(وہ بھی انجام کار دیکھ لینگے) اور یہ (قرآن) تو بڑے پائے کی کتاب ہے

21. These people (are so careless about the Qur'an that it appears as if they) are called to from afar (so that they can hear nothing).

٢١- اُولٰٓئِكَ يُنَادَوْنَ مِنْ مَّكَانٍ

یہ لوگ (قرآن کی طرف سے ایسی بے پروائی کرتے ہیں کہ گویا) بڑی دور کی جگہ

بَعِيْدٍ ۝

سے پکارے جاتے ہیں (کہ اُن کو کچھ سُنائی نہیں دیتا)

This is clear indication for mankind, and a guidance and mercy for a folk whose faith is sure.

۲۲- هٰذَا بَصَآئِرُ لِلنَّاسِ وَهُدًى وَّرَحْمَةٌ
یہ (قرآن) لوگوں کے لئے عقل (و) دانش کی باتوں کا مجموعہ ہے اور جو لوگ (اس کا)
لِّقَوْمٍ يُّوْقِنُوْنَ ۝
یقین رکھتے ہیں اُن کے لئے (سرتاپا) ہدایت اور رحمت ہے

۴۵ الجاثیہ

23. And in truth We have made the Qur'an easy to remember, but is there any that remembereth?

۲۳- وَلَقَدْ يَسَّرْنَا الْقُرْاٰنَ لِلذِّكْرِ
البتہ ہم نے قرآن کو (لوگوں کے) نصیحت پکڑنے کے لئے آسان کردیا ہے تو
فَهَلْ مِنْ مُّدَّكِرٍ ۝
کوئی ہے کہ نصیحت پکڑے

۵۴ القمر

24. Is not the time ripe for the hearts of those who believe to submit to Allah's reminder and to the truth which is revealed?

۲۴- اَلَمْ يَاْنِ لِلَّذِيْنَ اٰمَنُوْٓا اَنْ تَخْشَعَ
کیا مسلمانوں کے لئے ابھی تک اس کا وقت نہیں آیا کہ ذکرِ خدا اور تلاوتِ
قُلُوْبُهُمْ لِذِكْرِ اللّٰهِ وَمَا نَزَلَ مِنَ الْحَقِّ
قرآن کے لئے جو خدائے برحق کی طرف سے نازل ہوا ہے ان کے دل گداز ہوں

۵۷ الحدید

25. Surely those who oppose Allah and His Messenger will be abased even as those before them were abased; and We have sent down clear tokens; and for disbelievers is a shameful doom.

۲۵- اِنَّ الَّذِيْنَ يُحَآدُّوْنَ اللّٰهَ وَرَسُوْلَهٗ كُبِتُوْا
جو لوگ اللہ اور اُس کے رسول کے (حکم کے) خلاف کرتے ہیں وہ (آخرکار ایسے
كَمَا كُبِتَ الَّذِيْنَ مِنْ قَبْلِهِمْ وَقَدْ اَنْزَلْنَآ
ہی) ذلیل ہونگے جیسے اُن سے اگلے (نافرمان) ذلیل ہوئے اور ہم تو اپنے کھلے
اٰيٰتٍۢ بَيِّنٰتٍ ۚ وَلِلْكٰفِرِيْنَ عَذَابٌ مُّهِيْنٌ ۝
کھلے احکام اتار ہی چکے ہیں۔ اور منکروں کو ذلت کا عذاب (ہونا) ہے

۵۸ المجادلہ

26. This (Qur'an) is naught else than a Reminder unto creation, unto whom-

۲۶- اِنْ هُوَ اِلَّا ذِكْرٌ لِّلْعٰلَمِيْنَ ۝ لِمَنْ شَآءَ
یہ (قرآن) تو دنیا جہاں کے (لوگوں کے) لئے نصیحت (ہی نصیحت) ہے (مگر) اسی کو

soever of you willeth to walk straight.

مِنْكُمْ اَنْ يَّسْتَقِيْمَ ؕ

(مفید ہے) جو تم میں سے سیدھے رستہ پر چلنا چاہے

(التکویر)

27. Say: Verily, though mankind and the Jinn should assemble to produce the like of this Qur'an, they could not produce the like thereof though they were helpers one of another.

٢٧- قُلْ لَّئِنِ اجْتَمَعَتِ الْاِنْسُ وَالْجِنُّ عَلٰٓى

(اے پیغمبر! ان لوگوں سے) کہو کہ اگر آدمی اور جنّات جمع (ہو کر اس بات پر آمادہ)

اَنْ يَّاْتُوْا بِمِثْلِ هٰذَا الْقُرْاٰنِ لَا يَاْتُوْنَ

ہوں کہ اس قرآن کی طرح کا (اور کلام) بنا لائیں تاہم اس جیسا نہیں (بنا)

بِمِثْلِهٖ وَلَوْ كَانَ بَعْضُهُمْ لِبَعْضٍ ظَهِيْرًا ۝

لا سکتے اگرچہ اُن میں سے ایک کی پشتی پر ایک (کیوں نہ) ہو

(بنی اسرائیل)

28. And the Messenger (of Allah) shall say: My Lord! Surely mine own folk made the Qur'an of no account.

٢٨- وَقَالَ الرَّسُوْلُ يٰرَبِّ اِنَّ قَوْمِى اتَّخَذُوْا

اور (قیامت کے دن) پیغمبر (یعنی محمدؐ خدا کی جناب میں) عرض کریں گے کہ

هٰذَا الْقُرْاٰنَ مَهْجُوْرًا ۝

اے پروردگار! میری اُمّت نے اس قرآن کو بکواس سمجھا

(الفرقان)

29. And Make not the revelation of Allah a laughing-stock (by your behaviour), but remember Allah's grace upon you and that which He hath revealed unto you of the Scripture and of wisdom, whereby He doth exhort you.

٢٩- وَلَا تَتَّخِذُوْٓا اٰيٰتِ اللّٰهِ هُزُوًا ز وَّاذْكُرُوْا

اور اللہ کے احکام کو ہنسی (کھیل) نہ سمجھو اور اللہ نے جو تم پر

نِعْمَتَ اللّٰهِ عَلَيْكُمْ وَمَآ اَنْزَلَ عَلَيْكُمْ مِّنَ

احسان کئے ہیں ان کو یاد کرو اور یہ (احسان بھی یاد کرو) کہ اس نے

الْكِتٰبِ وَالْحِكْمَةِ يَعِظُكُمْ بِهٖ ؕ

تم پر کتاب اور عقل کی باتیں اتاریں جس سے یہ منظور ہے کہ تم کو اُنکے ذریعہ سے نصیحت کیجے

(البقرۃ)

PART II

اَلْجُزْءُ الثَّانِي

دوسرا حصہ

CHAPTER I

اَلْبَابُ الْأَوَّلُ

پہلا باب

The way to righteousness

كَيْفَ السَّبِيلُ لِلْإِنْسَانِ إِلَى التَّقْوٰى

پرہیز گار بننے کے لئے انسان کو کیا کرنا چاہیئے

When should a man take a bath

مَتٰى يَجِبُ الْغُسْلُ عَلَى الْمُسْلِمِ

مسلمان کو غسل کرنا کب لازمی ہے

1. And (draw not near unto prayer) save when journeying upon the road, till ye have bathed. And if ye be ill, or on a journey, or one of you cometh from the closet, or ye have touched women, and ye find not water, then go to high clean soil and rub your faces and your hands (therewith). Surely

١- وَلَا جُنُبًا إِلَّا عَابِرِي سَبِيلٍ حَتّٰى تَغْتَسِلُوا ۚ
اور اسی طرح نہانے کی حاجت ہو تو بھی نماز کے پاس نہ جانا یہانتک کہ
وَإِنْ كُنْتُمْ مَرْضٰى أَوْ عَلٰى سَفَرٍ أَوْ جَاءَ
غسل کرلو، ہاں سفر کی حالت میں راستہ چلے جارہے ہو (اور پانی نہ ملے تو تیمم
أَحَدٌ مِّنْكُمْ مِّنَ الْغَائِطِ أَوْ لٰمَسْتُمُ النِّسَاءَ
کرکے نماز پڑھ لو تو خیر) اور اگر تم بیمار ہو یا سفر میں ہو یا تم میں سے کوئی جائے ضرور
فَلَمْ تَجِدُوا مَاءً فَتَيَمَّمُوا صَعِيدًا طَيِّبًا
میں سے ہو کر آئے یا عورتوں سے صحبت کی ہو اور تم کو پانی میسر نہ آئے تو پاک مٹی لیکر تیمم
فَامْسَحُوا بِوُجُوهِكُمْ وَأَيْدِيكُمْ ۗ إِنَّ اللّٰهَ
یعنی منہ اور ہاتھوں کا مسح کرلو، اللہ

Allah is Benign, Forgiving.

2. O ye who believe! When ye rise up for prayers, wash your faces and your hands up to the elbows, and lightly rub your heads and (wash) your feet up to the ankles. And if ye are unclean, purity yourselves. And if ye are sick or on a journey, or one of you cometh from the closet, or ye have had contact with women, and you find not water, then go to clean, high ground and rub your faces and your hands with some of it. Allah would not place a burden on you, but He would purify you and would perfect His grace upon you, that ye may give thanks.

كَانَ عَفُوًّا غَفُوْرًا ○

درگذر کرنے والا اور بخشش کرنے والا ہے

۲- يٰٓاَيُّهَا الَّذِيْنَ اٰمَنُوْٓا اِذَا قُمْتُمْ اِلَى الصَّلٰوةِ

مسلمانو! جب نماز کے لئے آمادہ ہو تو اپنا منہ

فَاغْسِلُوْا وُجُوْهَكُمْ وَاَيْدِيَكُمْ اِلَى الْمَرَافِقِ

دھو لیا کرو، اور کہنیوں تک اپنے ہاتھ

وَامْسَحُوْا بِرُءُوْسِكُمْ وَاَرْجُلَكُمْ اِلَى الْكَعْبَيْنِ ۭ

اور اپنے سر کا مسح کر لیا کرو اور ٹخنوں تک اپنے پاؤں (بھی دھو لیا کرو)

وَاِنْ كُنْتُمْ جُنُبًا فَاطَّهَّرُوْا ۭ وَاِنْ كُنْتُمْ

اور اگر تم کو نہانے کی ضرورت ہو تو (غسل کر کے) اچھی طرح پاک صاف ہو جاؤ

مَّرْضٰٓى اَوْ عَلٰي سَفَرٍ اَوْ جَاۗءَ اَحَدٌ مِّنْكُمْ مِّنَ

اور اگر تم بیمار ہو یا سفر میں ہو یا تم میں سے کوئی جائے ضرور سے ہو کر

الْغَاۗىِٕطِ اَوْ لٰمَسْتُمُ النِّسَاۗءَ فَلَمْ تَجِدُوْا مَاۗءً

آیا ہو یا تم نے عورتوں سے صحبت کی ہو اور تم کو پانی میسر نہ ہو

فَتَيَمَّمُوْا صَعِيْدًا طَيِّبًا فَامْسَحُوْا بِوُجُوْهِكُمْ

تو ستھری مٹی لے کر اس سے تیمم (یعنی) اپنے منہ

وَاَيْدِيْكُمْ مِّنْهُ ۭ مَا يُرِيْدُ اللّٰهُ لِيَجْعَلَ

اور ہاتھوں کا مسح کر لو، اللہ تم پر کسی طرح کی تنگی

عَلَيْكُمْ مِّنْ حَرَجٍ وَّلٰكِنْ يُّرِيْدُ لِيُطَهِّرَكُمْ

نہیں چاہتا بلکہ تم کو صاف ستھرا رکھنا چاہتا ہے

وَلِيُتِمَّ نِعْمَتَهُ عَلَيْكُمْ لَعَلَّكُمْ تَشْكُرُونَ ○

اور (نیز) یہ (چاہتا ہے) کہ تم پر اپنا احسان پورا کرے تاکہ تم اس کا شکر کرو

Prayer

الصَّلٰوةُ

نماز

1. And endure with patience (the hardships of prayer) and (rest assured that) Allah doth not deprive those who do good of their reward.

۱- وَاصْبِرْ فَاِنَّ اللّٰهَ لَا يُضِيْعُ اَجْرَ الْمُحْسِنِيْنَ ○

اور (اے پیغمبر! عبادت کی تکلیف کو خوشی کے ساتھ) برداشت کرو کیونکہ اللہ نیکوکاروں کے اجر کو ضائع نہیں ہونے دیا کرتا

الاعراف

2. And the garment of righteousness — that is the best (of all garments).

۲- وَلِبَاسُ التَّقْوٰى ذٰلِكَ خَيْرٌ ط

اور پرہیزگاری کا لباس (سب لباسوں سے) بہتر ہے

الاعراف

Why should one say Prayer

لِمَاذَا تُقَامُ الصَّلٰوةُ

نماز کیوں پڑھنی چاہئے

1. Surely Prayer preserveth from lewdness and iniquity.

۱- اِنَّ الصَّلٰوةَ تَنْهٰى عَنِ الْفَحْشَآءِ وَالْمُنْكَرِ ط

نماز بے حیائی کے کاموں اور ناشائستہ حرکتوں سے روکتی (رہتی) ہے

العنكبوت

2. Seek strength through patience and Prayer.

۲- وَاسْتَعِيْنُوْا بِالصَّبْرِ وَالصَّلٰوةِ ط

اور مصیبت کی برداشت کے لئے صبر و نماز کا سہارا پکڑو

البقرة

How to be dressed in Prayers

كَيْفَ اللِّبَاسُ عِنْدَ الصَّلٰوةِ

نماز کے وقت لباس کیسا ہونا چاہئے

O children of Adam! look to your adornment at every time of worship.

يٰبَنِيْٓ اٰدَمَ خُذُوْا زِيْنَتَكُمْ عِنْدَ كُلِّ مَسْجِدٍ ط

اے بنی آدم! ہر ایک نماز کے وقت (لباس وغیرہ سے) اپنے تئیں آراستہ کر لیا کرو

الاعراف

Is punctuality necessary in prayers

اَمُحَافَظَةُ الْوَقْتِ ضَرُوْرِيَّةٌ لِّلصَّلٰوةِ

کیا نماز میں پابندئ وقت ضروری ہے

Surely Prayer at fixed times hath been enjoined on the believers.

اِنَّ الصَّلٰوةَ كَانَتْ عَلَى الْمُؤْمِنِيْنَ كِتٰبًا

کیونکہ مسلمانوں پر نماز بقیدِ وقت

مَّوْقُوْتًا۝

فرض ہے

پ۵ النساء

What are the timings for prayer

مَاهِيَ اَوْقَاتُ الصَّلٰوةِ

نماز کے اوقات کیا ہیں

Establish Prayer at the going down of the sun until the dark of night, and (the recital of) the Qur'an at dawn: surely (The recital of) the Qur'an is ever witnessed. And some part of the night awake for it, a largess for thee. Maybe that thy Lord raiseth thee to an Exalted Station.

اَقِمِ الصَّلٰوةَ لِدُلُوْكِ الشَّمْسِ اِلٰى غَسَقِ

آفتاب کے ڈھلنے سے رات کے اندھیرے تک (ظہر، عصر، مغرب، عشا کی نمازیں) پڑھا کرو اور

الَّيْلِ وَقُرْاٰنَ الْفَجْرِ ؕ اِنَّ قُرْاٰنَ الْفَجْرِ كَانَ

(نمازِ) صبح (میں) قرآن کیونکہ (نماز) صبح (میں) قرآن کا پڑھنا (ملائکہ کے) روبرو

مَشْهُوْدًا۝ وَمِنَ الَّيْلِ فَتَهَجَّدْ بِهٖ نَافِلَةً لَّكَ

ہوتا ہے، اور رات کے ایک حصے میں (نماز) تہجد بھی پڑھا کرو (اور نمازیں تو فرض ہیں اور یہ)

عَسٰٓى اَنْ يَّبْعَثَكَ رَبُّكَ مَقَامًا مَّحْمُوْدًا۝

تمہاری (نماز) نفل (ہے) عجب نہیں کہ (اس کی برکت سے) تمہارا پروردگار (قیامت کے دن) تم کو مقامِ محمود میں پہنچائے

پ۱۵ بنی اسرائیل

Should all business be stopped on hearing the call for Jumu'a prayer

اَيَجِبُ عَلَى الْمُسْلِمِيْنَ اَنْ يَّتْرُكُوا الْبَيْعَ اِذَا نُوْدِيَ لِصَلٰوةِ الْجُمُعَةِ

کیا نمازِ جمعہ کی اذان سن کر کاروبار بند کر دینا چاہیے

O ye who believe! When the call is made for the prayer of the day of Congregation, make

يٰٓاَيُّهَا الَّذِيْنَ اٰمَنُوْٓا اِذَا نُوْدِيَ لِلصَّلٰوةِ مِنْ

مسلمانو! جب جمعہ کے دن نماز (جمعہ) کے لیے اذان دی جائے تو

haste unto (the mosques for) remembrance of Allah and leave off (all) business. That is better for you if ye did know.

يَوْمِ الْجُمُعَةِ فَاسْعَوْا إِلَىٰ ذِكْرِ اللَّهِ وَذَرُوا

یادِ الٰہی (یعنی نماز) کی طرف لپکو اور (اس وقت) بیچنا (کھوچنا) چھوڑ دو

الْبَيْعَ ۚ ذَٰلِكُمْ خَيْرٌ لَّكُمْ إِن كُنتُمْ تَعْلَمُونَ ○

یہ تمہارے حق میں بہتر ہے بشرطیکہ تم کو سمجھ ہو

Can business be resumed after the Jumu'a prayer

هَلْ يَجُوزُ ابْتِغَاءُ الْفَضْلِ بَعْدَ انْقِضَاءِ صَلَوٰةِ الْجُمُعَةِ

کیا بعد نمازِ جمعہ جستجوئے معاش کی جا سکتی ہے

And when the Prayer is ended, then disperse in the land and seek of Allah's bounty, and remember Allah much, that ye may be successful.

فَإِذَا قُضِيَتِ الصَّلَوٰةُ فَانتَشِرُوا فِي الْأَرْضِ

پھر جب نماز ہو چکے (تو تم کو اختیار ہے کہ) اپنی اپنی راہ لو اور خدا کے فضل

وَابْتَغُوا مِن فَضْلِ اللَّهِ وَاذْكُرُوا اللَّهَ كَثِيرًا

(یعنی معاش) کی جستجو میں لگ جاؤ اور (جہاں رہو) کثرت سے خدا کی یاد کرتے

لَّعَلَّكُمْ تُفْلِحُونَ ○

رہو تاکہ تم فلاح پاؤ

How can Prayer be said: on foot or on horse-back

مَتَىٰ تَجُوزُ الصَّلَوٰةُ رِجَالًا أَوْ رُكْبَانًا

نماز پیدل یا سوار کس حالت میں پڑھی جا سکتی ہے

Be guardians of (your) prayers, and of the midmost prayer (especially), and stand up with devotion to Allah. And if ye go in fear, then (pray) standing or on horseback. And when ye are again in safety, remember Allah, as He hath

حَافِظُوا عَلَى الصَّلَوَاتِ وَالصَّلَوٰةِ

(مسلمانو!) تمام نمازوں کا (عموماً) اور بیچ کی نماز کا (خصوصاً) تقید رکھو اور نماز

الْوُسْطَىٰ وَقُومُوا لِلَّهِ قَانِتِينَ ○ فَإِنْ

میں اللہ کے آگے ادب سے کھڑے رہو تو پھر اگر تم کو

خِفْتُمْ فَرِجَالًا أَوْ رُكْبَانًا ۚ فَإِذَا أَمِنتُمْ

دشمن کا کھٹکا ہو (اور ارکان پورے پورے نہ بجا لاسکو) تو پیدل یا سوار (جس حالت میں ہو) اور

فَاذْكُرُوا اللّٰهَ كَمَا عَلَّمَكُمْ مَّا لَمْ تَكُوْنُوْا

جیسے کرتے بن پڑے نماز ادا کرلو پھر جب مطمئن ہو جاؤ تو جس طرح اللہ نے تم کو پیغمبر کی معرفت

تَعْلَمُوْنَ ○ البقرة ۲۳۹

نماز کا طریقہ سکھایا ہے کہ تم (اس کو) پہلے نہیں جانتے تھے اس طریقہ سے اللہ کو یاد کرو

taught you that which (heretofore) ye knew not.

When prayer can be curtailed

مَتٰى تُقْصَرُ الصَّلٰوةُ

نماز کس حالت میں کم کی جا سکتی ہے

وَاِذَا ضَرَبْتُمْ فِى الْاَرْضِ فَلَيْسَ عَلَيْكُمْ

اور (مسلمانو!) جب تم جہاد کے لئے کہیں جاؤ اور تم کو خوف ہو کہ نماز پڑھنے

جُنَاحٌ اَنْ تَقْصُرُوْا مِنَ الصَّلٰوةِ ۖ اِنْ

میں کہیں کافر تم سے لڑائی کی چھیڑ چھاڑ نہ کرنے لگیں تو تم پر کچھ گناہ نہیں کہ

خِفْتُمْ اَنْ يَّفْتِنَكُمُ الَّذِيْنَ كَفَرُوْا ۭ اِنَّ

نماز میں سے کچھ گھٹا دیا کرو بے شک

الْكٰفِرِيْنَ كَانُوْا لَكُمْ عَدُوًّا مُّبِيْنًا ○ النساء ۱۰۱

کافر تو تمہارے کھلے دشمن ہیں (تم کو اطمینان سے نماز نہیں پڑھنے دیں گے)

And when ye go forth in the land (to fight) it is no sin for you to curtail (your) Prayer if ye fear that those who disbelieve may attack you. In truth the disbelievers are open enemies to you.

When prayer can be said with arms on

مَتٰى تَكُوْنُ الصَّلٰوةُ مَعَ الْاَسْلِحَةِ

کس حالت میں ہتھیار باندھ کر نماز پڑھ سکتے ہیں

وَاِذَا كُنْتَ فِيْهِمْ فَاَقَمْتَ لَهُمُ الصَّلٰوةَ

اور (اے پیغمبر!) جب تم مسلمانوں (کی فوج) کے ہمراہ ہو اور (امام بن کر) انہیں

فَلْتَقُمْ طَآئِفَةٌ مِّنْهُمْ مَّعَكَ وَلْيَاْخُذُوْا

نماز پڑھانے لگو تو مسلمانوں کی ایک جماعت (مقتدی بن کر) تمہارے ساتھ

And when ye (O Prophet) art among them and arrangest (their) Prayer for them, let only a party of them stand with thee (to pray) and let them take their arms (with them). Then when they have performed their prostrations let them fall to the rear and let another party come that hath not prayed and let them pray with thee, and let them take their precaution and their arms. Those who disbelieve long for you to neglect your arms and your baggage that they may attack you once for all. It is no sin for you to lay aside your arms, if rain impedeth you or ye are sick. But take your precautions. Surely Allah prepareth for the disbelievers a shameful chastisement.

أَسْلِحَتَهُمْ ۚ فَإِذَا سَجَدُوا فَلْيَكُونُوا مِن

کھڑی ہو اور اپنے ہتھیار لئے رہیں، اور جب سجدہ کر چکیں تو پیچھے ہٹ جائیں

وَرَائِكُمْ وَلْتَأْتِ طَائِفَةٌ أُخْرَىٰ لَمْ

اور دوسری جماعت جو (اب تک) شریکِ نماز نہیں ہوئی اگر

يُصَلُّوا فَلْيُصَلُّوا مَعَكَ وَلْيَأْخُذُوا

تمہارے ساتھ نماز میں شریک ہو اور اپنے

حِذْرَهُمْ وَأَسْلِحَتَهُمْ ۗ وَدَّ الَّذِينَ كَفَرُوا

ہتھیار لئے رہیں کافروں کی تو یہ تمنا ہے

لَوْ تَغْفُلُونَ عَنْ أَسْلِحَتِكُمْ وَأَمْتِعَتِكُمْ

کہ اگر تم ذرا بھی اپنے ہتھیاروں اور ساز و سامان (جنگ) سے غافل ہو جاؤ

فَيَمِيلُونَ عَلَيْكُم مَّيْلَةً وَاحِدَةً ۚ وَلَا جُنَاحَ

تو یکبارگی تم پر ٹوٹ پڑیں اور اگر

عَلَيْكُمْ إِن كَانَ بِكُمْ أَذًى مِّن مَّطَرٍ

تم لوگوں کو مینہ کی وجہ سے کچھ تکلیف ہو

أَوْ كُنتُم مَّرْضَىٰ أَن تَضَعُوا أَسْلِحَتَكُمْ ۖ

یا تم بیمار ہو تو اپنے ہتھیار اتار رکھنے میں (بھی) تم پر گناہ نہیں، ہاں

وَخُذُوا حِذْرَكُمْ ۗ إِنَّ اللَّهَ أَعَدَّ لِلْكَافِرِينَ

اپنی ہوشیاری رکھو اللہ نے کافروں کے لئے ذلت کا عذاب

عَذَابًا مُّهِينًا ○

تیار کر رکھا ہے

Allah responds to the call of His servants

And when My servants question thee (O Prophet) concerning Me, then surely I am nigh. I answer the prayer of the suppliant when he crieth unto Me. So let them hear My call and let them believe in Me, in order that they may be led aright.

Fasting

The month of Ramadan is one in which was revealed the Qur'an, a guidance for mankind, and clear proofs of guidance, and the

أيُّ دُعَاءٍ يُسْتَجَابُ

کون سی دعا رقبول ہوتی ہے

وَإِذَا سَأَلَكَ عِبَادِي عَنِّي فَإِنِّي قَرِيبٌ أُجِيبُ

اور (اے پیغمبر!) جب ہمارے بندے تم سے ہمارے بارے میں سوال کریں تو (انکو سمجھا دو کہ) ہم

دَعْوَةَ الدَّاعِ إِذَا دَعَانِ فَلْيَسْتَجِيبُوا لِي

انکے پاس ہیں جب کبھی ہم سے کوئی دعا کرے تو ہم (ہر ایک کی) دعا کو (سنتے اور مناسب ہو تو) قبول

وَلْيُؤْمِنُوا بِي لَعَلَّهُمْ يَرْشُدُونَ ○

کر لیتے ہیں تو انکو چاہیئے کہ ہمارا حکم (بھی) مانیں اور ہم پر ایمان لائیں تاکہ وہ سیدھے رستے لگ جائیں

اَلصَّوْمُ

روزہ

شَهْرُ رَمَضَانَ الَّذِي أُنْزِلَ فِيهِ الْقُرْآنُ

(روزوں کا) مہینہ رمضان کا ہے جس (کے روزوں کے بارے ہیں (خدا کی طرف سے)

هُدًى لِلنَّاسِ وَبَيِّنَاتٍ مِنَ الْهُدَى وَ

قرآن (میں حکم) نازل ہوا جو (یعنی قرآن) لوگوں کا رہنما ہے اور ہدایت کی نشانیوں (کا مجموعہ) اور

Criterion (of right and wrong). So whosoever of you is present during this month let him fast during (the whole of) it, and whosoever of you is sick or on journey, (let him fast the same) number of other days. Allah desireth for you ease; He desireth not hardship for you; and (He desireth) that ye should complete the period, and that ye should magnify Allah for having guided you, and that peradventure ye may be thankful.

الْفُرْقَانِ ۚ فَمَنْ شَهِدَ مِنْكُمُ الشَّهْرَ فَلْيَصُمْهُ ۖ

فرق کرنے والا ہے (تو مسلمانو) تم میں سے جو شخص اس مہینے میں (زندہ)

وَمَنْ كَانَ مَرِيضًا أَوْ عَلَىٰ سَفَرٍ فَعِدَّةٌ

موجود ہو تو چاہئے کہ اس مہینے کے روزے رکھے، اور جو بیمار ہو یا سفر میں ہو تو دوسرے دنوں

مِنْ أَيَّامٍ أُخَرَ ۗ يُرِيدُ اللَّهُ بِكُمُ الْيُسْرَ وَلَا

سے گنتی (پوری) کرلے اللہ تمہارے ساتھ آسانی کرنا چاہتا ہے اور تمہارے

يُرِيدُ بِكُمُ الْعُسْرَ وَلِتُكْمِلُوا الْعِدَّةَ

ساتھ سختی کرنا نہیں چاہتا، اور (یہ حکم) اس نے اس غرض سے دیئے ہیں تاکہ

وَلِتُكَبِّرُوا اللَّهَ عَلَىٰ مَا هَدَاكُمْ وَلَعَلَّكُمْ

تم (روزوں کی) گنتی پوری کرلو اور تاکہ اللہ نے تم کو جو راہ راست دکھادی ہے اس

تَشْكُرُونَ ○

نعمت پر اس کی بڑائی کرو، اور تاکہ تم (اس کا) احسان مانو

Mutual relations of the sexes

الْمَرْءَةُ لِبَاسٌ لِلرَّجُلِ وَهُوَ لِبَاسٌ لَهَا

عورت دامن ہے اور مرد اس کی چولی

It is made lawful for you to go in unto your wives on the night of the fast. They are raiment for you and you are raiment for them. Allah is Aware that ye were deceiving yourselves in this respect and He hath turned in

أُحِلَّ لَكُمْ لَيْلَةَ الصِّيَامِ الرَّفَثُ إِلَىٰ نِسَائِكُمْ

(مسلمانو!) روزوں کی راتوں میں اپنی بیبیوں کے پاس تمہارا جانا جائز کر دیا گیا ہے

هُنَّ لِبَاسٌ لَكُمْ وَأَنْتُمْ لِبَاسٌ لَهُنَّ ۗ

اور وہ تمہارا لباس ہیں اور تم ان کا لباس ہو (یعنی تم دونوں میں چولی دامن کا ساتھ ہے)

عَلِمَ اللَّهُ أَنَّكُمْ كُنْتُمْ تَخْتَانُونَ أَنْفُسَكُمْ

اللہ نے دیکھا کہ تم (چوری چوری) ان کے پاس جانے سے اپنے حق میں خیانت کرتے تھے

mercy toward you and relieved you. So henceforth hold intercourse with them and seek that which Allah hath ordained for you, and eat and drink until the white thread becometh distict to you from the black thread of the dawn. Then strictly observe the fast till nightfall.

فَتَابَ عَلَيْكُمْ وَعَفَا عَنكُمْ ۚ فَالْـَٔنَ

تو اُس نے تمہارا قصور معاف کر دیا اور تمہاری خطا سے درگذرا۔ پس اب (روزوں

بَاشِرُوهُنَّ وَابْتَغُوا مَا كَتَبَ اللَّهُ لَكُمْ ۚ

میں رات کے وقت) ان سے ہم بستر ہو اور (ہمبستری کا) جو (نتیجہ) خدا نے تمہارے لئے

وَكُلُوا وَاشْرَبُوا حَتَّىٰ يَتَبَيَّنَ لَكُمُ الْخَيْطُ

لکھ رکھا ہے (یعنی اولاد) اس (کے حاصل کرنے) کی خواہش کرو (نہ محض شہوت رانی کے لئے)

الْأَبْيَضُ مِنَ الْخَيْطِ الْأَسْوَدِ مِنَ الْفَجْرِ ۖ

اور کھاؤ پیو یہاں تک کہ (رات کی) کالی دھاری سے صبح کی سفید دھاری تم کو صاف دکھائی

ثُمَّ أَتِمُّوا الصِّيَامَ إِلَى اللَّيْلِ ۚ

دینے لگے، پھر رات تک روزہ پورا کرو

Who can observe the fast after the month of Ramadan

لِمَنْ يَجُوزُ اَنْ يَّصُوْمَ صِيَامَ رَمَضَانَ بَعْدَهٗ

کس کس کو روزۂ رمضان دوسرے دنوں میں رکھنے کی اجازت ہے

O ye who believe! Fasting is prescribed for you, even as it was prescribed for those before you, that ye may ward off (evil). (Fast) a number of days; and (for) him who is sick among you, or on a journey (the same) number of other days; and for

يَا أَيُّهَا الَّذِينَ آمَنُوا كُتِبَ عَلَيْكُمُ الصِّيَامُ

مسلمانو! جس طرح تم سے پہلے لوگوں (یعنی اہل کتاب) پر روزہ رکھنا فرض

كَمَا كُتِبَ عَلَى الَّذِينَ مِن قَبْلِكُمْ لَعَلَّكُمْ

تھا تم پر بھی فرض کیا گیا تاکہ تم (بہت سے

تَتَّقُونَ ۝ أَيَّامًا مَّعْدُودَاتٍ ۚ فَمَن كَانَ

گناہوں سے) بچو (وہ بھی) گنتی کے چند روز ہیں پس جو شخص تم میں سے

مِنكُم مَّرِيضًا أَوْ عَلَىٰ سَفَرٍ فَعِدَّةٌ مِّنْ

بیمار ہو یا سفر میں ہو تو دوسرے دنوں سے گنتی

those who (cannot observe fast at all and) can afford it there is a ransom: the feeding of a man in eed—But whoso doeth good of his own accord (and feeds more people) it is better for himself; and that (in any case) ye fast is better for you if ye did but know.

أَيَّامٍ أُخَرَ ۚ وَعَلَى الَّذِينَ يُطِيقُونَهُ فِدْيَةٌ
(پوری) کرے   اور جن کو کھانا دینے کا مقدور ہے ان پر ایک روزہ کے
طَعَامُ مِسْكِينٍ ۖ فَمَنْ تَطَوَّعَ خَيْرًا فَهُوَ خَيْرٌ
بدلے ایک محتاج کو کھانا کھلانا ہے، اور جو شخص خوشی سے نیک کام کرنا چاہے
لَّهُ ۚ وَأَنْ تَصُومُوا خَيْرٌ لَّكُمْ ۖ إِنْ كُنْتُمْ
تو یہ اس کے حق میں زیادہ بہتر ہے، اور سمجھو تو روزہ رکھنا (بہرحال) تمہارے
تَعْلَمُونَ ۝
حق میں بہتر ہے

سورۃ البقرۃ

HAJJ

الْحَجّ

حج

On who is Hajj incombent

عَلَى مَنْ يَجِبُ الْحَجُّ

حج کس پر فرض ہے

And Pilgrimage to the House (of Allah) is a duty unto Allah for mankind, for him who can find a way thither. As for him who disbelieveth, let him know that) surely Allah is Independent of (all) creatures.

وَلِلَّهِ عَلَى النَّاسِ حِجُّ الْبَيْتِ مَنِ اسْتَطَاعَ
اور لوگوں پر (فرض) ہے کہ خدا کے لئے خانہ کعبہ کا حج کریں جس کو اس تک
إِلَيْهِ سَبِيلًا ۚ وَمَنْ كَفَرَ فَإِنَّ اللَّهَ غَنِيٌّ
پہنچنے کا مقدور ہو   اور جو (مقدور رکھتے ہوئے) نعمت کی ناشکری کرے
عَنِ الْعَالَمِينَ ۝
(حج کو نہ جائے) تو اللہ دنیا جہان سے   بے نیاز ہے

سورۃ آل عمران

Provision for Hajj

مَتٰی یُتَزَوَّدُ لِلْحَجِّ وَکَیْفَ

زادِ راہِ حج کب اور کس طرح بہم پہنچایا جائے ؟

So make provision for yourseves (before proceeding on the Hajj); surely the best provision is to ward off (evil). Therefore keep your duty unto Me, O men of understanding!

وَتَزَوَّدُوْا فَاِنَّ خَیْرَ الزَّادِ التَّقْوٰی ز وَ

اور حج جانے سے پہلے زادِ راہ بہم پہنچالو کہ بہترین زادِ راہ پرہیزگاری ہے

اتَّقُوْنِ یٰاُولِی الْاَلْبَابِ ○

(از آنجملہ یہ کہ مانگے چرائے نہیں) عقل والو! اصل پرہیزگاری یہ ہے کہ ہم سے ڈرتے رہو

البقرۃ ۲ : ۱۹۷

What is the real purpose of sacrifice

مَاهِیَ بُغْیَةُ الْهَدْیِ وَالنُّسُكِ

قربانی کا اصل مقصد کیا ہے ؟

Their flesh and their blood reach not Allah, but the devotion from you reacheth Him.

لَنْ یَّنَالَ اللّٰهَ لُحُوْمُهَا وَلَا دِمَآؤُهَا وَلٰكِنْ

خدا تک نہ تو اُن کے گوشت ہی پہنچ سکتے ہیں اور نہ اُن کے خون بلکہ اُس تک

یَّنَالُهُ التَّقْوٰی مِنْكُمْ ط

تمہاری پرہیزگاری (اور فرماں برداری) پہنچتی ہے

الحج ۲۲ : ۳۷

CHAPTER II

البابُ الثاني

دوسرا باب

How should a Muslim give charity and to what extent

ماذا ينفق المسلم في سبيل الله وكيف والام

مسلمانوں کو خیرات کس طرح اور کس حد تک کرنی چاہیئے

The Definition of charity

تعريف الصدقة

خیرات کی تعریف

The likeness of those who spend their wealth in Allah's way is as the likeness of a grain which groweth seven ears, in every ear a hundred grains. Allah giveth increase manifold to whom He will. Allah is All-Embracing, All-Knowing.

مَثَلُ الَّذِينَ يُنفِقُونَ أَمْوَالَهُمْ فِي سَبِيلِ اللَّهِ

جو لوگ اپنے مال خدا کی راہ میں خرچ کرتے ہیں

كَمَثَلِ حَبَّةٍ أَنبَتَتْ سَبْعَ سَنَابِلَ فِي كُلِّ

ان کی (خیرات کی) مثال اس دانے کی سی جس سے سات بالیں پیدا ہوئیں

سُنبُلَةٍ مِّائَةُ حَبَّةٍ ۗ وَاللَّهُ يُضَاعِفُ لِمَن

ہر بال میں سَو دانے اور اللہ برکت دیتا ہے جس کو چاہتا ہے

يَشَاءُ ۗ وَاللَّهُ وَاسِعٌ عَلِيمٌ ۝ البقرة

اور اللہ (بڑی) گنجائش والا (اور) ہر ایک چیز کے حال سے واقف ہے

How the Muslim should treat the beggar

ماذا يفعل المسلم بالسائل

سائل کے ساتھ مسلمان کا برتاؤ کیسا ہونا چاہیئے

1. As for the beggar drive him not away.

۱۔ وَأَمَّا السَّائِلَ فَلَا تَنْهَرْ ۝ الضحیٰ

اور سائل کو نہ جھڑکنا

2. A kind word with forgiveness is better than almsgiving followed by injury; Allah is Absolute, Clement.

۲۔ قَوْلٌ مَّعْرُوْفٌ وَّمَغْفِرَةٌ خَيْرٌ مِّنْ صَدَقَةٍ

نرمی سے جواب دے دینا اور (سائل کے اصرار سے) درگذر کرنا اس خیرات سے

يَّتْبَعُهَآ اَذًى ؕ وَاللّٰهُ غَنِيٌّ حَلِيْمٌ ○

بہت بہتر ہے جسکے (دینے) کے پیچھے سائل کو کسی طرح کی ایذا رہو، اور اللہ بے نیاز (اور) بردبار ہے

البقرة

Charity wasted by reproach and injury

هَلْ يَجُوْزُ لِلْمُسْلِمِ اَنْ يُّتْبِعَ مَآ اَنْفَقَ مَنًّا

کیا مسلمان کو خیرات کا احسان جتانا چاہیئے

O ye who believe! Render not vain your almsgiving by reproach and injury, like him who spendeth his wealth only to be seen of men.

يٰٓاَيُّهَا الَّذِيْنَ اٰمَنُوْا لَا تُبْطِلُوْا صَدَقٰتِكُمْ

مسلمانو! اپنی خیرات کو احسان جتانے اور (سائل کو) ایذا دینے سے اُس شخص

بِالْمَنِّ وَالْاَذٰى ۙ كَالَّذِيْ يُنْفِقُ مَالَهٗ

کی طرح اکارت مت کرو جو اپنا مال لوگوں کے دکھانے کے لئے

رِئَآءَ النَّاسِ

خرچ کرتا ہے

البقرة

To what extent the Muslim should spend in charity

مَاذَا يُنْفِقُ الْمُسْلِمُ فِيْ سَبِيْلِ اللّٰهِ

مسلمان کو خدا کی راہ میں کتنا خرچ کرنا چاہیے

And they ask thee what they ought to spend (as charity). Say: That which is superfluous. Thus doth Allah make plain to you (His) revelations, that haply ye may reflect upon the world and the Hereafter.

وَيَسْئَلُوْنَكَ مَاذَا يُنْفِقُوْنَ ۬ ؕ قُلِ الْعَفْوَ ؕ كَذٰلِكَ

اور تم سے دریافت کرتے ہیں کہ خدا کی راہ میں کتنا خرچ کریں تو (ان کو) سمجھا دو کہ

يُبَيِّنُ اللّٰهُ لَكُمُ الْاٰيٰتِ لَعَلَّكُمْ تَتَفَكَّرُوْنَ ○

جتنا تمہاری حاجت سے زیادہ ہو اور اللہ (اپنے) احکام تم لوگوں سے کھول کھول کر بیان

فِي الدُّنْيَا وَالْاٰخِرَةِ ؕ

کرتا ہے کہ تم دنیا اور آخرت کے معاملات پر غور کرو

البقرة

Should charity be open or hidden

هَلْ يَكُوْنُ الْاِنْفَاقُ عَلَانِيَةً اَوْ سِرًّا

خیرات کھلی کرنی چاہیئے یا چھپی

If ye make public your almsgiving, it is well, but if ye hide it and give it to the poor, it will be better for you and will atone for some of your ill deeds. Allah is Informed of that which ye do.

اِنْ تُبْدُوا الصَّدَقٰتِ فَنِعِمَّا هِيَ ج وَاِنْ

(لوگو) اگر خیرات ظاہر میں دو تو وہ بھی اچھا (کہ اس سے خیرات کے علاوہ

تُخْفُوْهَا وَتُؤْتُوْهَا الْفُقَرَآءَ فَهُوَ خَيْرٌ

دوسروں کو بھی ترغیب ہوتی ہے) اور اگر اُس کو چھپاؤ اور حاجتمندوں کو دو

لَّكُمْ ط وَيُكَفِّرُ عَنْكُمْ مِّنْ سَيِّاٰتِكُمْ ط وَاللّٰهُ

تو یہ تمہارے حق میں زیادہ بہتر ہے (کہ اس میں نام و نمود کا دخل نہیں ہونے

بِمَا تَعْمَلُوْنَ خَبِيْرٌ ○

پاتا) اور اللہ اس سے تمہارے بعض گناہ معاف کردیگا اور جو کچھ بھی تم کرتے ہو اللہ اس سے باخبر ہے

سورة البقرة

What is accepted in charity

مَاذَا يُقْبَلُ مِنَ النَّفَقَاتِ

کیا چیزیں خیرات میں قبول ہونگی

Ye will never attain unto piety until ye spend of that which ye love. And whatsoever ye spend, Allah is Aware thereof.

لَنْ تَنَالُوا الْبِرَّ حَتّٰى تُنْفِقُوْا مِمَّا تُحِبُّوْنَ ط

(لوگو!) جب تک (خدا کی راہ میں) ان چیزوں میں سے خرچ نہ کروگے جو تم کو عزیز ہیں

وَمَا تُنْفِقُوْا مِنْ شَيْءٍ فَاِنَّ اللّٰهَ بِهٖ

نیکی (کے درجہ) کو ہرگز نہ پہنچ سکو گے اور کوئی چیز بھی خرچ کرو اللہ اُس کو

عَلِيْمٌ ○

جانتا ہے

سورة آل عمران

Should one spend in charity in straitened circumstances

هَلِ الْاِنْفَاقُ فِي الْعُسْرِ اَيْضًا

کیا تنگدستی میں بھی خیرات کرنی چاہئے

(The righteous are) Those who spend (of that which Allah hath given them) in ease and in adversity, and those who control their wrath and are forgiving toward mankind; and Allah loveth those who do good.

اَلَّذِيْنَ يُنْفِقُوْنَ فِي السَّرَّآءِ وَالضَّرَّآءِ وَ

جو لوگ خوش حالی اور تنگ دستی (دونوں) میں (خدا کے نام پر) خرچ

الْكٰظِمِيْنَ الْغَيْظَ وَالْعَافِيْنَ عَنِ النَّاسِ ط

کرتے ہیں اور غصہ کو روکتے اور لوگوں (کے قصوروں) سے درگذر کرتے ہیں

وَاللّٰهُ يُحِبُّ الْمُحْسِنِيْنَ ۝ پ۴ آل عمران

اور (لوگوں کے ساتھ) نیکی کرنیوالوں کو اللہ دوست رکھتا ہے

The duty of the well-to-do

مَاذَا يَفْعَلُ الْمُوْسِرُوْنَ

مقدور والوں کو کیا کرنا چاہئے

1. And let not those who hoard up that which Allah hath bestowed upon them of His bounty think that it is better for them. Nay, it is worse for them. That which they hoard will be their collar on the Day of Resurrection.

۱- وَلَا يَحْسَبَنَّ الَّذِيْنَ يَبْخَلُوْنَ بِمَآ

اور جن لوگوں کو اللہ نے اپنے فضل و کرم سے (مقدور) دیا ہے اور وہ (راہ خدا

اٰتٰهُمُ اللّٰهُ مِنْ فَضْلِهٖ هُوَ خَيْرًا لَّهُمْ ط

میں) اس کے خرچ کرنے میں بخل کرتے ہیں تو وہ اس (بخل) کو اپنے حق میں

بَلْ هُوَ شَرٌّ لَّهُمْ ط سَيُطَوَّقُوْنَ مَا بَخِلُوْا

بہتر نہ سمجھیں (بہتر نہیں) بلکہ وہ ان کے حق میں بدتر ہے کیونکہ جس (مال) کا بخل

بِهٖ يَوْمَ الْقِيٰمَةِ ط پ۴ آل عمران

کرتے ہیں عنقریب قیامت کے دن اس کا طوق بنا کر انکے گلے میں پہنایا جائیگا

2. And (show) kindness unto parents, and unto near kindred, and or

۲- وَبِالْوَالِدَيْنِ اِحْسَانًا وَّبِذِي الْقُرْبٰى

اور ماں باپ اور قرابت والوں اور یتیموں اور محتاجوں اور قرابت والے

phans, and the needy, and unto the neighbour who is of kin (unto you) and the neighbour who is not of kin, and the fellow-traveller and (the slaves) whom your right hands possess. Surely Allah loveth not such as are proud and boastful, who hoard their wealth and enjoin avarice on others, and hide that which Allah hath bestowed upon them of His bounty. For disbelievers We have prepared a shameful doom.

وَالْيَتٰمٰى وَالْمَسٰكِيْنِ وَالْجَارِ ذِي الْقُرْبٰى

پڑوسیوں اور اجنبی پڑوسیوں اور پاس بیٹھنے والوں اور مسافروں اور

وَالْجَارِ الْجُنُبِ وَالصَّاحِبِ بِالْجَنْۢبِ وَ

جو (لونڈی غلام) تمہارے قبضہ میں ہیں ان (سب) کے ساتھ سلوک

ابْنِ السَّبِيْلِ وَمَا مَلَكَتْ اَيْمَانُكُمْ ۭ اِنَّ

کرتے رہو اللہ اُن لوگوں کو دوست

اللّٰهَ لَا يُحِبُّ مَنْ كَانَ مُخْتَالًا فَخُوْرَا ۝

نہیں رکھتا جو اترائیں اور بڑائی مارتے پھریں،

الَّذِيْنَ يَبْخَلُوْنَ وَيَاْمُرُوْنَ النَّاسَ

آپ بخل کریں اور (دوسرے) لوگوں کو بھی بخل کرنے کی صلاح دیں

بِالْبُخْلِ وَيَكْتُمُوْنَ مَآ اٰتٰىهُمُ اللّٰهُ مِنْ

اور اللہ نے اپنے فضل سے ان کو جو کچھ دے رکھا ہے اس کو چھپائیں

فَضْلِهٖ ۭ وَاَعْتَدْنَا لِلْكٰفِرِيْنَ عَذَابًا

اور ہم نے ان لوگوں کے لئے جو (ہماری نعمتوں کی) ناشکری کریں ذلت کا

مُّهِيْنًا ۝

عذاب تیار کر رکھا ہے

Who will be the commade of him who spends in charity for mere show

مَنْ هُوَ الْقَرِيْنُ لِلَّذِيْنَ يُنْفِقُوْنَ اَمْوَالَهُمْ رِئَاۗءَ النَّاسِ

لوگوں کو دکھانے کے لئے مال خرچ کرنے والے کا ساتھی کون ہوگا؟

And those who spend their wealth in order to be seen

وَالَّذِيْنَ يُنْفِقُوْنَ اَمْوَالَهُمْ رِئَاۗءَ النَّاسِ

اور جو مال خرچ کریں (تو) لوگوں کے دکھانے کو

of men, and believe not in Allah nor the Last Day. Whoso taketh Satan for a comrade, a bad comrade hath he.

وَلَا يُؤْمِنُوْنَ بِاللّٰهِ وَلَا بِالْيَوْمِ الْاٰخِرِ ؕ وَ

اور ایمان (پوچھو تو) نہ اللہ کا اور نہ روزِ آخرت کا اور

مَنْ يَّكُنِ الشَّيْطٰنُ لَهٗ قَرِيْنًا فَسَآءَ قَرِيْنًا ○ النساء ۳۸

شیطان جس کا ساتھی ہو تو وہ (بہت ہی) بُرا ساتھی ہے

What is the use of charity

مَا فَائِدَةُ الصَّدَقَةِ

خیرات کرنے سے کیا فائدہ ہوگا

1. And whatsoever ye spend in the way of Allah it will be repaid to you in full, and ye will not be wronged (in any way).

۱- وَمَا تُنْفِقُوْا مِنْ شَيْءٍ فِيْ سَبِيْلِ اللّٰهِ

اور خدا کی راہ میں جو کچھ خرچ کروگے

يُوَفَّ اِلَيْكُمْ وَاَنْتُمْ لَا تُظْلَمُوْنَ ○ الانفال ۶۰

وہ تم کو پُورا پُورا (بھر) دیا جائے گا، اور کسی طرح تمہاری حق تلفی نہ ہوگی

2. Surely those who give alms. both men and women, and lend unto Allah a goodly loan, it will be doubled for them, and theirs will be a rich reward.

۲- اِنَّ الْمُصَّدِّقِيْنَ وَالْمُصَّدِّقٰتِ وَاَقْرَضُوا

بیشک خیرات کرنے والے اور خیرات کرنے والیاں اور جو لوگ خُدا کو

اللّٰهَ قَرْضًا حَسَنًا يُّضٰعَفُ لَهُمْ وَلَهُمْ الحدید ۱۸

خوشدلی سے قرض دیتے ہیں (قیامت کے دن) ان کو (انکے قرض کا) دُونا

اَجْرٌ كَرِيْمٌ ○

ادا کردیا جائیگا اور ان کو اجرِ عظیم (علاحدہ) ملے گا

3. If ye lend unto Allah a goodly loan He will double it for you and will forgive you, for Allah is Responsive, Clement.

۳- اِنْ تُقْرِضُوا اللّٰهَ قَرْضًا حَسَنًا يُّضٰعِفْهُ

(مسلمانو!) اگر اللہ کو تم خوشدلی سے قرض دو تو (آخرت میں) وہ تم کو اس کا

لَكُمْ وَيَغْفِرْ لَكُمْ ؕ وَاللّٰهُ شَكُوْرٌ حَلِيْمٌ ○ التغابن ۱۷

دُونا ادا کردیگا اور تمہارے گناہ معاف کردیگا اور اللہ قدرداں (اور) بُردبار ہے

Should he who can afford refrain from helping deserving people due to anger

And let not those who possess dignity and ease among you swear not to give to the near of kin and to the needy, and to fugitives for the cause of Allah. Let them forgive and show indulgence. Yearn ye not that Allah may forgive you? Allah is Forgiving, Merciful.

هَلْ يَنْبَغِي لِلْغَنِيِّ اَنْ يُّمْسِكَ عَنِ الْاِنْفَاقِ

کیا صاحب مقدور کو ناراض ہو کر محتاجوں اور ہجرت

اِذَا غَضِبَ عَلَى الْمَسَاكِيْنِ وَالْمُهَاجِرِيْنَ

ہجرت کرنے والوں کی مدد نہ کرنی چاہیئے

وَلَا يَأْتَلِ اُولُوا الْفَضْلِ مِنْكُمْ وَالسَّعَةِ

اور تم میں سے جو لوگ بزرگ (منش) اور صاحب مقدور ہیں وہ

اَنْ يُّؤْتُوْٓا اُولِي الْقُرْبٰى وَالْمَسٰكِيْنَ وَ

قرابت والوں محتاجوں اور اللہ کی راہ میں ہجرت کرنے والوں کو

الْمُهٰجِرِيْنَ فِيْ سَبِيْلِ اللّٰهِ ۖ وَلْيَعْفُوْا

مدد (خرچ) نہ دینے کی قسم نہ کھائیں بلکہ (چاہیئے کہ) ان کے قصور بخش دیں

وَلْيَصْفَحُوْا ۭ اَلَا تُحِبُّوْنَ اَنْ يَّغْفِرَ اللّٰهُ

اور درگذر کریں (مسلمانو!) کیا تم نہیں چاہتے کہ اللہ تمہارے قصور

لَكُمْ ۭ وَاللّٰهُ غَفُوْرٌ رَّحِيْمٌ ۝

معاف کرے، اور اللہ بخشنے والا مہربان ہے

٩٦

CHAPTER III

What is lawful and what is unlawful for Muslims to eat

When can the forbidden thing be eaten

اَلْبَابُ الثَّالِثُ

تیسرا باب

مَا اُحِلَّ لِلْمُسْلِمِیْنَ وَمَا لَا یُحَلُّ

کن چیزوں کا کھانا مسلمان کو جائز ہے اور کن کا ناجائز

مَتٰی یَجُوْزُ لِلْمُسْلِمِ اَنْ یَّاْخُذَ مِنَ الْحَرَامِ شَیْئًا

حرام چیز کب اور کس حالت میں کھائی جا سکتی ہے

1. He hath forbidden you only the dead animal and blood and swineflesh, and that which hath been immolated to (the name of) any other than Allah. But he who is driven by necessity, neither craving nor transgressing, it is no sin for him. Surely Allah is Forgiving, Merciful.

۱- اِنَّمَا حَرَّمَ عَلَیْکُمُ الْمَیْتَةَ وَالدَّمَ وَلَحْمَ

بس مرا ہوا (جانور) اور خون اور سور کا گوشت حرام ہے اور (نیز)

الْخِنْزِیْرِ وَمَآ اُهِلَّ بِهٖ لِغَیْرِ اللّٰهِ فَمَنِ

وہ (جانور) جس کو خدا کے سوا کسی اور کی عبادت کے لئے حلال اور

اضْطُرَّ غَیْرَ بَاغٍ وَّلَا عَادٍ فَلَآ اِثْمَ عَلَیْهِ

نامزد کیا جائے تو جو بھوک سے بیقرار ہو جائے (اور) عدول حکمی کرنیوالا اور

اِنَّ اللّٰهَ غَفُوْرٌ رَّحِیْمٌ ۝

رکوع ۲۱ — پ ۲ البقرة

حد سے بڑھ جانیوالا نہ ہو اس پر ان میں سے کسی چیز کے کھا لینے کا کم گناہ نہیں بیشک اللہ بخشنے والا

2. Forbidden unto you (for food) are the dead animal and blood and swineflesh, and that which hath been dedicated unto

۲- حُرِّمَتْ عَلَیْکُمُ الْمَیْتَةُ وَالدَّمُ وَلَحْمُ

مرا ہوا (جانور) اور لہو اور سور کا گوشت اور جو (جانور) خدا کے سوا کسی اور

الْخِنْزِیْرِ وَمَآ اُهِلَّ لِغَیْرِ اللّٰهِ بِهٖ وَالْمُنْخَنِقَةُ

کے لئے نامزد کیا گیا ہو، اور جو گلا گھونٹنے سے مرا ہو، اور جو چوٹ سے مرا ہو

any other than Allah, and the dead through beating, and dead through falling from a height, and that which hath been killed by (the goring of) horns, and the devoured of wild beasts, saving that which ye make lawful (by the death-stroke), and that hath been immolated unto idols. And (forbidden is it) that ye swear by the divining arrows. This is an abomination. This day are those who disbelieve in despair of (ever harming) your religion; so fear them not, fear Me. This day have I perfected your religion for you and completed My favour unto you, and have chosen for you as religion AL-ISLAM. But whoso is forced by hunger, not by will, to sin: (for him) surely Allah is Forgiving, Merciful.

وَالْمَوْقُوْذَةُ وَالْمُتَرَدِّيَةُ وَالنَّطِيْحَةُ

اور جو اُوپر سے گرنے سے مرا ہو اور جو کسی (جانور) کا سینگ لگ کر مرا ہو

وَمَآ اَكَلَ السَّبُعُ اِلَّا مَا ذَكَّيْتُمْ ۣ قف وَ

یہ سب چیزیں تم پر حرام کر دی گئیں اور نیز وہ (جانور) جس کو درندوں نے (پھاڑ) کھایا

مَا ذُبِحَ عَلَى النُّصُبِ وَاَنْ تَسْتَقْسِمُوْا

، ہو مگر (جس کے مرنے سے پہلے تم اسکو حلال کر لو (تو وہ حرام نہیں) اور یہ (بھی منع ہیں) کہ جو کسی

بِالْاَزْلَامِ ۭ ذٰلِكُمْ فِسْقٌ ۭ اَلْيَوْمَ يَىِٕسَ

تھان پر چڑھا کر ذبح کیا گیا ہو اور یہ (بھی) کہ (ساجھے کے جانور کا گوشت جوئے کے طور پر)

الَّذِيْنَ كَفَرُوْا مِنْ دِيْنِكُمْ فَلَا تَخْشَوْهُمْ

تیروں (کے پانسوں) سے آپس میں تقسیم کیا کرو کہ یہ گناہ (کی بات) ہے (مسلمانو) کافر تمہارے

وَاخْشَوْنِ ۭ اَلْيَوْمَ اَكْمَلْتُ لَكُمْ دِيْنَكُمْ

دین کی طرف سے ناامید ہوئے (کہ تم میں اور ان میں اتحاد نہیں ہو سکتا) اور وہ تمہاری سخت

وَاَتْمَمْتُ عَلَيْكُمْ نِعْمَتِيْ وَرَضِيْتُ

مخالفت کرینگے) تو اُن سے نہ ڈرو ہم ہی سے ڈرو۔ آج ہم تمہارے دین کو تمہارے لئے مکمل کر

لَكُمُ الْاِسْلَامَ دِيْنًا ۭ فَمَنِ اضْطُرَّ فِيْ

چکے، اور ہم نے تم پر اپنا احسان پورا کیا اور تمہارے لئے دین اسلام پسند فرمایا

مَخْمَصَةٍ غَيْرَ مُتَجَانِفٍ لِّاِثْمٍ ۙ فَاِنَّ اللّٰهَ

پھر جو بھوک سے بیقرار ہو جائے (اور) گناہ کی طرف مائل نہ ہو (اور بے بسی) کوئی حرام چیز

غَفُوْرٌ رَّحِيْمٌ ۝

کھا لے تو بے شک اللہ بخشنے والا مہربان ہے

Can a Muslim give up eating of lawful things

هَلْ يَجُوْزُ لِلْمُسْلِمِ تَرْكُ الْحَلَالِ

کیا مسلمان کو حلال چیزیں ترک کردینی چاہئیں

1. O ye who believe! Forbid not the good things which Allah hath made lawful for you, and transgress not; surely Allah loveth not the transgressors.

۱- يٰٓاَيُّهَا الَّذِيْنَ اٰمَنُوْا لَا تُحَرِّمُوْا طَيِّبٰتِ

مسلمانو! خدا نے جو ستھری چیزیں تمہارے لئے حلال کردی ہیں اُن کو

مَآ اَحَلَّ اللّٰهُ لَكُمْ وَلَا تَعْتَدُوْا ؕ اِنَّ اللّٰهَ

(اپنے اُوپر) حرام نہ کرلو، اور حد سے نہ بڑھو کیونکہ اللہ

لَا يُحِبُّ الْمُعْتَدِيْنَ ○ پ۷ المائدة

حد سے بڑھنے والوں کو دوست نہیں رکھتا

2. East of that which Allah hath bestowed on you as lawful and good, and keep your duty to Allah in Whom ye are believers.

۲- وَكُلُوْا مِمَّا رَزَقَكُمُ اللّٰهُ حَلٰلًا طَيِّبًا

اور خدا نے تم کو جو حلال ستھری روزی دی ہے اُس کو (بے تامل) کھاؤ

وَّاتَّقُوا اللّٰهَ الَّذِيْٓ اَنْتُمْ بِهٖ مُؤْمِنُوْنَ ○ پ۷ المائدة

اور جس خدا پر تمہارا ایمان ہے اُس سے ڈرتے رہو

Game Hunting

اَلصَّيْدُ

شکار

When is Game hunting disallowed

فِيْمَا حُرِّمَ عَلَى الْمُسْلِمِيْنَ صَيْدُ الْبَحْرِ وَالْبَرِّ

مسلمان کو دریائی اور جنگلی شکار کس حالت میں منع ہے

1. To hunt and to eat the fish of the sea is made lawful for you, a provision for you and for seafarers; but to hunt

۱- اُحِلَّ لَكُمْ صَيْدُ الْبَحْرِ وَطَعَامُهٗ مَتَاعًا

دریائی شکار اور کھانے کی دریائی چیزیں (جو بے شکار ہاتھ لگیں احرام کی

لَّكُمْ وَلِلسَّيَّارَةِ ۚ وَحُرِّمَ عَلَيْكُمْ صَيْدُ

حالت میں بھی) تمہارے لئے حلال کی جاتی ہیں تاکہ تم کو فائدہ پہنچے اور دوسرے

on land is forbidden you so long as ye are on the pilgrimage. Be mindful of your duty to Allah, unto Whom ye will be gathered.

2. O ye who believe! Kill no wild game while ye are on the pilgrimage. Whoso of you killeth it of set purpose he shall pay its forfeit in the equivalent of that which he hath killed, of domestic animals, the judge to be two men among you known for justice, (the forfeit) to be brought as an offering to the Ka'bah; or, for expiation, he shall feed poor persons. or the equivalent thereof in fasting, that he may taste the evil consequences of his deed. Allah forgiveth whatever (of this kind) may have happened in the past, but whoso relapseth, Allah will take retribution from him. Allah is Mighty, Able to Requite (the wrong).

3. They ask thee (O Prophet!) What .. made lawful for

الْبَرِّ مَا دُمْتُمْ حُرُمًا ط وَاتَّقُوا اللّٰهَ الَّذِيْٓ

مسافروں کو بھی فائدہ پہنچے اور جنگل کا شکار جبتک احرام میں رہو تم پر حرام ہے، اور

اِلَيْهِ تُحْشَرُوْنَ ○

اللہ سے ڈرتے رہو جس کی طرف تم سب کو اکٹھے ہو کر جانا ہے

٢- يٰٓاَيُّهَا الَّذِيْنَ اٰمَنُوْا لَا تَقْتُلُوا الصَّيْدَ وَ

مسلمانو! جب تم احرام کی حالت میں ہو شکار نہ مارو، اور

اَنْتُمْ حُرُمٌ ط وَمَنْ قَتَلَهٗ مِنْكُمْ مُّتَعَمِّدًا

جو کوئی تم میں سے جان بوجھ کر شکار مارے گا

فَجَزَآءٌ مِّثْلُ مَا قَتَلَ مِنَ النَّعَمِ يَحْكُمُ بِهٖ

تو جیسے جانور کو مارا ہے اس کے بدلے چار پایوں میں سے اُسی سے ملتا ہُوا

ذَوَا عَدْلٍ مِّنْكُمْ هَدْيًا بٰلِغَ الْكَعْبَةِ اَوْ كَفَّارَةٌ

(جانور) جو تم میں سے دو منصف ٹھہرا دیں (اسکو نیاز دینا پڑیگا اور یہ نیاز) کعبہ پہنچائی

طَعَامُ مَسٰكِيْنَ اَوْ عَدْلُ ذٰلِكَ صِيَامًا لِّيَذُوْقَ

جائے یا کفارہ (یعنی اسکی قیمت ہیں جتنے محتاجوں (کی گنجائش ہو ان) کا کھانا یا مسکینوں

وَبَالَ اَمْرِهٖ ط عَفَا اللّٰهُ عَمَّا سَلَفَ ط وَمَنْ عَادَ

(کی گنتی) کے برابر روزے تاکہ اپنے کیے کی سزا (کا مزہ) چکھے جو ہو چکا اُس کو تو خدا نے درگذر کیا اور جو

فَيَنْتَقِمُ اللّٰهُ مِنْهُ ط وَاللّٰهُ عَزِيْزٌ ذُو انْتِقَامٍ ○

(ایسا کام) کریگا تو اللہ اُس سے نافرمانی کا بدلہ لیگا اور اللہ زبردست (اور) بدلہ لینے والا ہے

٣- يَسْـَٔلُوْنَكَ مَاذَآ اُحِلَّ لَهُمْ ط قُلْ اُحِلَّ

(اے پیغمبر!) لوگ تم سے پوچھتے ہیں کہ کون کونسی چیزیں انکے لیے حلال کی ہیں تو انکو سمجھا دو کہ

۱۰۰

them. Say: (all) good things are made lawful for you. And those beasts and birds of prey which ye have trained as hounds are trained, ye teach them that which Allah taught you; so eat of that which they hold for you and mention Allah's name upon it, and observe your duty to Allah. Surely Allah is Swift of Reckoning.

لَكُمُ الطَّيِّبٰتُ ۙ وَمَا عَلَّمْتُمْ مِّنَ الْجَوَارِحِ

دکھانے کی، ستھری چیزیں حلال کردی گئی ہیں اور وہ شکاری جانور جو تم نے شکار کیلئے

مُكَلِّبِيْنَ تُعَلِّمُوْنَهُنَّ مِمَّا عَلَّمَكُمُ

سدھا رکھے ہوں اور (شکار کا طریقہ) جیسا تم کو خدا نے سکھا رکھا ہو ویسا ہی تم نے

اللّٰهُ ۡ فَكُلُوْا مِمَّآ اَمْسَكْنَ عَلَيْكُمْ وَاذْكُرُوا

انکو سکھا دیا ہو جو شکار تمہارے لئے پکڑ رکھیں (اور وہ ذبح کرنے سے پہلے

اسْمَ اللّٰهِ عَلَيْهِ ۠ وَاتَّقُوا اللّٰهَ ؕ اِنَّ اللّٰهَ

مرجائے) تو اس کو (بے تامل) کھا لو اور اگرچہ احتیاط رکھو کہ جس طرح خود ذبح کرتے وقت خدا کا نام لیا کرتے ہو

سَرِيْعُ الْحِسَابِ ○ (المائدۃ ۴)

اسی طرح جانور کو چھوڑتے وقت خدا کا نام لیا کرو اور اللہ سے ڈرتے رہو بیشک اللہ جلد حساب لینے والا ہے

Can a Muslim eat from the table of a follower of the book

اَطْعَامُ اَهْلِ الْكِتَابِ حِلٌّ لِّلْمُسْلِمِيْنَ

کیا مسلمان اہل کتاب کے ہاں کھانا کھا سکتا ہے

This day are (all) good things made lawful for you. The food of those who have received the Scripture is lawful for you.

اَلْيَوْمَ اُحِلَّ لَكُمُ الطَّيِّبٰتُ ؕ وَطَعَامُ الَّذِيْنَ

آج تمام پاکیزہ چیزیں تمہارے لئے حلال کردی گئیں اور اہل کتاب کا کھانا

اُوْتُوا الْكِتٰبَ حِلٌّ لَّكُمْ ۪ص (المائدۃ ۵)

تمہارے لئے حلال ہے

With whom is a Muslim allowed to eat

مِنْ بُيُوْتِ مَنْ يَجُوْزُ لِلْمُسْلِمِ اَنْ يَّاْكُلَ

مسلمان کس کس کے ہاں کھانا کھا سکتا ہے

No blame is there upon the blind nor any blame upon the sick nor on your-

لَيْسَ عَلَى الْاَعْمٰى حَرَجٌ وَّلَا عَلَى الْاَعْرَجِ

نہ (تو) اندھے (آدمی) کے لئے کچھ مضائقہ ہے اور نہ لنگڑے (آدمی) کے لئے کچھ

selves if ye eat from your (own) houses, or the houses of your fathers, or the houses of your mothers, or the houses of your brothers, or the houses of your sisters, or the houses of your fathers' brothers, or the houses of your mothers' brothers, or the houses of your mothers' sisters, or (from that) whereof ye hold the keys, or (from the house) of a friend. There is no sin on you whether you eat (all) together or separately.

حَرَجٌ وَّلَا عَلَى الْمَرِيْضِ حَرَجٌ وَّلَا عَلٰٓى اَنْفُسِكُمْ
مضائقہ اور نہ بیمار کے لئے کچھ مضائقہ ہے اور نہ (عموماً) تم مسلمانوں کے لئے
اَنْ تَاْكُلُوْا مِنْۢ بُيُوْتِكُمْ اَوْ بُيُوْتِ اٰبَآئِكُمْ اَوْ
(اس میں کچھ مضائقہ ہے) کہ اپنے گھروں سے (کھانا) کھاؤ یا اپنے باپ کے گھروں سے یا
بُيُوْتِ اُمَّهٰتِكُمْ اَوْ بُيُوْتِ اِخْوَانِكُمْ اَوْ
اپنی ماں کے گھروں سے یا اپنے بھائیوں کے گھروں سے یا
بُيُوْتِ اَخَوٰتِكُمْ اَوْ بُيُوْتِ اَعْمَامِكُمْ اَوْ بُيُوْتِ
اپنی بہنوں کے گھروں سے یا اپنے چچاؤں کے گھروں سے یا اپنی پھوپھیوں
عَمّٰتِكُمْ اَوْ بُيُوْتِ اَخْوَالِكُمْ اَوْ بُيُوْتِ خٰلٰتِكُمْ
کے گھروں سے یا اپنے ماموؤں کے گھروں سے یا اپنی خالاؤں کے گھروں سے
اَوْ مَا مَلَكْتُمْ مَّفَاتِحَهٗٓ اَوْ صَدِيْقِكُمْ ۭ لَيْسَ
یا اُن گھروں سے جن کی کنجیاں تمہارے اختیار میں ہوں یا اپنے دوستوں کے گھروں سے (اور) اس
عَلَيْكُمْ جُنَاحٌ اَنْ تَاْكُلُوْا جَمِيْعًا اَوْ اَشْتَاتًا ۭ
میں بھی) کچھ گناہ نہیں کہ سب مل کر کھاؤ یا الگ الگ

سورۃ النور

Warning

اَلتَّوْكِيْدُ

تاکید

O ye who believe! Violate not the sanctity of Allah's monuments.

يٰٓاَيُّهَا الَّذِيْنَ اٰمَنُوْا لَا تُحِلُّوْا شَعَآئِرَ اللّٰهِ
مسلمانو! خدا کے (ٹھہرائے ہوئے دین) آداب (اور ارکان) کی بے توقیری نہ کرو

سورۃ المائدہ

CHAPTER IV

اَلْبَابُ الرَّابِعُ

چوتھا باب

How can wealth and honour be attained

كَيْفَ يَحْصُلُ الْفَضْلُ وَالْعِزُّ وَالرِّزْقُ وَالْمَالُ

رزق، عزت، دولت وفضیلت کیسے ملتی ہے

What does one get as a result of his effort

مَا لِلْاِنْسَانِ اِذَا سَعٰى

کوشش کرنے سے کتنا ملتا ہے

And that man hath only that for which he maketh effort.

وَاَنْ لَّيْسَ لِلْاِنْسَانِ اِلَّا مَا سَعٰى ۝ پ۲۷ النجم

اور یہ کہ انسان کو اتنا ہی ملے گا جتنی کہ اس نے کوشش کی ہے

Who gives wealth to man

مَنْ يُّعْطِى الْغِنَاءَ

انسان کو مالدار کون بناتا ہے

And that He it is Who enricheth and contenteth.

وَاَنَّهٗ هُوَ اَغْنٰى وَاَقْنٰى ۝ پ۲۷ النجم

اور یہ کہ وہی (لوگوں کو) مالدار اور صاحب سرمایہ کرتا ہے

Distribution of provision

قِسْمَةُ الرِّزْقِ

تقسیم روزی

1. Allah enlargeth livelihood for whom He will, and straiteneth (it for whom He will).

پ۱۳ الرعد ١- اَللّٰهُ يَبْسُطُ الرِّزْقَ لِمَنْ يَّشَآءُ وَيَقْدِرُ ؕ

اللہ جسکی روزی چاہتا ہے فراخ کردیتا ہے اور جس کی چاہتا ہے تنگی کردیتا ہے

2. (O Prophet!) Thy Lord increaseth the provision for whom He will and limiteth (it for whom He will).

٢- اِنَّ رَبَّكَ يَبْسُطُ الرِّزْقَ لِمَنْ يَّشَآءُ وَيَقْدِرُ ؕ

(اے پیغمبر!) تمہارا پروردگار جسکی روزی چاہتا ہے فراخ کردیتا ہے (اور جسکی روزی چاہتا ہے)

Surely Surely He is Aware and Seer of His bondmen.

اِنَّهٗ کَانَ بِعِبَادِهٖ خَبِیْرًۢا بَصِیْرًا ۝ (بنی اسرائیل)

نپی تلی کر دیتا ہے، اور وہ اپنے بندوں (کے حال) سے باخبر (اور انکی ضرورتوں کو) دیکھنے والا ہے

Distribution of dignity and status

تَقْسِیْمُ الْعِزِّ وَالدَّرَجٰتِ

تقسیم عزّت و مدارج

1. He giveth wisdom unto whom He will, and he, unto whom wisdom is given, truly hath received abundant good, and none but the intelligent take heed.

١- یُؤْتِی الْحِکْمَةَ مَنْ یَّشَآءُ ۚ وَمَنْ یُّؤْتَ

جس کو چاہتا ہے (بات کی) سمجھ دیتا ہے اور جس کو (بات کی)

الْحِکْمَةَ فَقَدْ اُوْتِیَ خَیْرًا کَثِیْرًا ؕ وَمَا

سمجھ دی گئی تو بے شک اُس نے بڑی دولت پائی اور نصیحت

یَذَّکَّرُ اِلَّآ اُولُوا الْاَلْبَابِ ۝ (البقرة)

وہی مانتے ہیں جو سمجھدار ہیں

2. And covet not that with which Allah hath raised some of you over others.

٢- وَلَا تَتَمَنَّوْا مَا فَضَّلَ اللّٰهُ بِهٖ بَعْضَکُمْ

اور خدا نے جو تم میں سے ایک کو دوسرے پر برتری دے رکھی ہے اس کا

عَلٰی بَعْضٍ ؕ (النساء)

کچھ ارمان نہ کرو

3. And We raise the ranks of those We please. Surely Thy Lord is Wise, Knowing.

٣- نَرْفَعُ دَرَجٰتٍ مَّنْ نَّشَآءُ ؕ اِنَّ رَبَّکَ

ہم جس کے چاہتے ہیں (اُس کے) مرتبے بلند کر دیتے ہیں (اے پیغمبر) بیشک

حَکِیْمٌ عَلِیْمٌ ۝ (الانعام)

تمہارا پروردگار حکمت والا (اور سب کچھ) جانتا ہے

4. We raise whom We will in status, and above every one

٤- نَرْفَعُ دَرَجٰتٍ مَّنْ نَّشَآءُ ؕ وَفَوْقَ کُلِّ

ہم جس کو چاہتے ہیں (حُسنِ تدبیر میں) اس کے درجے بلند کر دیتے ہیں اور

who knows is a (greater) Knower.

ذِیْ عِلْمٍ عَلِیْمٌ ۝ پ۱۳ یوسف

(دنیا میں) ہر ایک دانا سے بڑھ کر (دوسرا) دانا (موجود) ہے

5. So when some ill toucheth man he calls on Us, then when We grant him some blessing from Ourself he says: I have been given this by force of (my) knowledge; (this is wrong); on the other hand this (blessing) is a (great) trial, but most of them know not.

۵- فَاِذَا مَسَّ الْاِنْسَانَ ضُرٌّ دَعَانَا ز ثُمَّ اِذَا

انسان (کی عادت ہے کہ اس) کو جب کوئی تکلیف پہنچتی ہے تو ہم کو پکارتا ہے

خَوَّلْنٰهُ نِعْمَةً مِّنَّا لا قَالَ اِنَّمَآ اُوْتِيْتُهٗ عَلٰى

پھر جب ہم اس کو اپنی طرف سے کوئی نعمت عطا فرماتے ہیں تو کہنے لگتا ہے

عِلْمٍ ط بَلْ هِيَ فِتْنَةٌ وَّلٰكِنَّ اَكْثَرَهُمْ

کہ یہ تو مجھ کو بس (میری) لیاقت کی وجہ سے ملی ہے (انسان کا ایسا کہنا غلط ہے)

لَا يَعْلَمُوْنَ ۝ پ۲۴ الزمر

بلکہ یہ (نعمت) آزمائش ہے مگر اکثر لوگ سمجھتے نہیں

How does man benefit or suffer

اَنّٰی یُصِیْبُ الْاِنْسَانَ النَّفْعُ وَ الضَّرُّ

نفع و نقصان انسان کو کس طرح پہنچتا ہے

Whatever of good befalleth thee (O man!) it is from Allah, and whatever of ill befalleth thee it is from thyself.

مَآ اَصَابَكَ مِنْ حَسَنَةٍ فَمِنَ اللّٰهِ وَمَآ

(اے بندے حقیقت حال تو یہ ہے کہ) تجھ کو کوئی فائدہ پہنچے تو (سمجھ کہ) اللہ کی طرف سے

اَصَابَكَ مِنْ سَيِّئَةٍ فَمِنْ نَّفْسِكَ ط پ۵ النساء

ہے اور تجھ کو کوئی نقصان پہنچے تو (سمجھ کہ) تیرے نفس کی طرف سے ہے

CHAPTER V

اَلْبَابُ الْخَامِسُ

پانچواں باب

Which women can a Muslim marry

اَيَّتُ النِّسَاءِ يَجُوْزُ لِلْمُسْلِمِ اَنْ يَّنْكِحَهَا

مسلمان کن کن عورتوں سے شادی کر سکتا ہے

Can a Muslim male marry a polytheist female and can a Muslim female marry a polytheist male?

هَلْ يَجُوْزُ لِلْمُسْلِمِ اَنْ يَّنْكِحَ مُشْرِكَةً

کیا مسلمان مرد مشرک عورت سے یا مسلمان

وَهَلْ يَجُوْزُ لِلْمُسْلِمَةِ اَنْ يَّنْكِحَهَا مُشْرِكٌ

عورت مشرک مرد سے شادی کر سکتی ہے

And wed not idolatreses till they (come to) believe, for indeed a believing bondwoman is better than an idolatress though she please you; and give not your daughters in wedlock to idolaters till they (come round to) believe, for indeed a believing slave is better than an idolater though he please you. These (idolaters) invite unto the Fire, and Allah inviteth unto the Garden and unto Forgiveness bv His Grace, and He expoundeth His revelation to mankind that

وَلَا تَنْكِحُوا الْمُشْرِكٰتِ حَتّٰى يُؤْمِنَّ ۭ وَلَاَمَةٌ

اور (مسلمانو!) مشرک عورتیں جب تک ایمان نہ لائیں اُن سے نکاح نہ کرو اگرچہ کہ

مُّؤْمِنَةٌ خَيْرٌ مِّنْ مُّشْرِكَةٍ وَّلَوْ اَعْجَبَتْكُمْ ۚ

شرک کرنیوالی عورت کیسی ہی بھلی (کیوں نہ) لگے اس سے مسلمان لونڈی بہتر،

وَلَا تُنْكِحُوا الْمُشْرِكِيْنَ حَتّٰى يُؤْمِنُوْا ۭ وَلَعَبْدٌ

اور مشرک مرد جب تک ایمان نہ لائیں اپنی عورتیں ان کے نکاح میں نہ دو

مُّؤْمِنٌ خَيْرٌ مِّنْ مُّشْرِكٍ وَّلَوْ اَعْجَبَكُمْ ۭ

اگرچہ کہ مشرک تم کو کیسا ہی بھلا (کیوں نہ) لگے اس سے مسلمان غلام بہتر

اُولٰۗىِٕكَ يَدْعُوْنَ اِلَى النَّارِ ښ وَاللّٰهُ يَدْعُوْٓا

یہ مشرک مرد و زن لوگوں کو دوزخ کی طرف بلاتے ہیں، اور اللہ اپنی عنایت سے

اِلَى الْجَنَّةِ وَالْمَغْفِرَةِ بِاِذْنِهٖ ۚ وَيُبَيِّنُ

بہشت اور مغفرت کی طرف بلاتا ہے اور اپنے احکام لوگوں سے

haply they may take heed.

آيٰتِهٖ لِلنَّاسِ لَعَلَّهُمْ يَتَذَكَّرُوْنَ ۝

کھول کھول کر بیان کرتا ہے، تاکہ وہ نصیحت حاصل کریں

Are women of the People of the Book lawful for Muslims?

اُحِلَّتْ لِلْمُسْلِمِيْنَ الْمُحْصَنٰتُ مِنْ اَهْلِ الْكِتٰبِ

کیا مسلمانوں کو اہل کتاب کی بیبیاں حلال ہیں

And (so also are) the virtuous believing women and virtuous women of those who received the Scripture before you (lawful for you in marriage) when ye give them their marriage portions and live with them in honour, not in fornication, nor taking them as secret paramours; and whoso denieth the faith his work is vain and he will be among the losers in the Hereafter.

وَالْمُحْصَنٰتُ مِنَ الْمُؤْمِنٰتِ وَالْمُحْصَنٰتُ

اور مسلمان پاکدامن بیبیاں اور جن لوگوں کو تم سے

مِنَ الَّذِيْنَ اُوْتُوا الْكِتٰبَ مِنْ قَبْلِكُمْ اِذَآ

پہلے کتاب دی جا چکی ہے ان میں کی (بھی) پاکدامن بیبیاں (تمہارے

اٰتَيْتُمُوْهُنَّ اُجُوْرَهُنَّ مُحْصِنِيْنَ غَيْرَ

لئے حلال ہیں) بشرطیکہ اُن کے مہر اُن کے حوالہ کرو (اور تمہارا ارادہ (انکو

مُسٰفِحِيْنَ وَلَا مُتَّخِذِيْٓ اَخْدَانٍ ؕ وَمَنْ

قید (نکاح) میں لانے کا ہو نہ کہ کھلم کھلا بدکاری کرنے کا اور نہ چوری چھپے

يَّكْفُرْ بِالْاِيْمَانِ فَقَدْ حَبِطَ عَمَلُهٗ وَهُوَ

آشنا بنانے کا، اور جو کوئی ایمان کی ان باتوں کو نہ مانے تو اس کا کیا (دھرا سب)

فِى الْاٰخِرَةِ مِنَ الْخٰسِرِيْنَ ۝

اکارت اور آخرت میں (بھی) وہ نقصان اُٹھانے والوں میں ہوگا

Women with whom marriage is lawful or Unlawful

اَيُّ النِّسَآءِ يَجُوْزُ نِكَاحُهُنَّ اَوْ لَا يَجُوْزُ

نکاح کن کن عورتوں سے جائز اور کن کن عورتوں سے ناجائز ہے

1. And marry not those women whom

١- وَلَا تَنْكِحُوْا مَا نَكَحَ اٰبَآؤُكُمْ مِّنَ النِّسَآءِ

اور جن عورتوں کے ساتھ تمہارے باپ نے نکاح کیا ہو تم انکے ساتھ نکاح نہ کرنا

your fathers married, except what hath already happened (of that nature) in the past. Surely it was ever lewdness and abomination, and an evil way. Forbidden unto you are your mothers, and your daughters, and your sisters, and your father's sisters, and your mother's sisters, and your brother's daughters, and your sister's daughters, and your foster-mothers, and your foster-sisters, and your mother-in-law, and your step-daughters who are under your protection (born) of your wives unto whom ye have gone in, but if ye have not gone in unto them, then it is no sin for you (to marry their daughters), and the wives of your sons (who spring) from your own loins. And (it is forbidden unto you)

إِلَّا مَا قَدْ سَلَفَ ۚ إِنَّهُ كَانَ فَاحِشَةً وَّ

مگر جو ہو چکا (سو ہو چکا) کیونکہ یہ بڑی بے حیائی اور غضب کی

مَقْتًا ۚ وَسَآءَ سَبِيلًا ۝ حُرِّمَتْ عَلَيْكُمْ

بات تھی اور بہت ہی بُرا دستور تھا، (مسلمانو!) تمہاری مائیں

أُمَّهٰتُكُمْ وَبَنٰتُكُمْ وَأَخَوٰتُكُمْ وَعَمّٰتُكُمْ

اور تمہاری بیٹیاں اور تمہاری بہنیں اور تمہاری پھوپھیاں

وَخٰلٰتُكُمْ وَبَنٰتُ الْأَخِ وَبَنٰتُ الْأُخْتِ

اور تمہاری خالائیں اور تمہاری بھتیجیاں اور بھانجیاں

وَأُمَّهٰتُكُمُ الّٰتِيٓ أَرْضَعْنَكُمْ وَأَخَوٰتُكُمْ

اور تمہاری (رضاعی) مائیں جنہوں نے تم کو دُودھ پلایا ہو اور تمہاری

مِّنَ الرَّضَاعَةِ وَأُمَّهٰتُ نِسَآئِكُمْ وَرَبَآئِبُكُمُ

دُودھ شریک بہنیں اور تمہاری ساسیں (یہ سب تم پر حرام ہیں) اور جن

الّٰتِي فِي حُجُورِكُمْ مِّنْ نِّسَآئِكُمُ الّٰتِي

بیبیوں کے ساتھ تم صحبت کر چکے ہو ان کی گیلڑ لڑکیاں جو (غالباً) تمہاری

دَخَلْتُمْ بِهِنَّ ۫ فَإِنْ لَّمْ تَكُونُوا دَخَلْتُمْ

گودوں میں پرورش پاتی ہیں (تم پر حرام) ہیں، لیکن اگر ان بیبیوں کے ساتھ تم

بِهِنَّ فَلَا جُنَاحَ عَلَيْكُمْ ۫ وَحَلَآئِلُ

نے صحبت نہ کی ہو تو گیلڑ لڑکیوں سے نکاح کر لینے میں، تم پر کچھ گناہ نہیں اور

أَبْنَآئِكُمُ الَّذِينَ مِنْ أَصْلَابِكُمْ ۙ وَأَنْ

(تمہاری بہوئیں یعنی) تمہارے اپنے صلبی بیٹوں کی بیبیاں (بھی تم پر حرام ہیں)

that ye should have two sisters together (as wives), except what hath already happened (of that nature) in the past. Surely Allah is ever Forgiving, Merciful.

2. And all married women (are forbidden unto you) save those (captives) whom your right hands posess. It is a decree of Allah for you. Lawful unto you are all beyond those mentioned so that ye seek them with your wealth in honest wedlock, not debauchery. And those of whom ye seek content (by marrying them) give unto them their portion as a duty. And there is no sin for you in what ye do by mutual agreement after the duty (hath been done). Surely Allah is ever Knower, Wise.

۱۰۸

تَجْمَعُوا بَيْنَ الْأُخْتَيْنِ إِلَّا مَا قَدْ سَلَفَ ۗ

اور دو بہنوں کا ایک ساتھ نکاح میں رکھنا (بھی حرام ہے) مگر جو ہو چکا (سو ہو چکا)

إِنَّ اللَّهَ كَانَ غَفُورًا رَّحِيمًا ۝

بیشک اللہ معاف کرنے والا مہربان ہے

۲- وَالْمُحْصَنَاتُ مِنَ النِّسَاءِ إِلَّا مَا مَلَكَتْ

اور وہ عورتیں (بھی حرام ہیں) جو (دوسروں کی) قید نکاح میں ہیں مگر وہ جو

أَيْمَانُكُمْ ۖ كِتَابَ اللَّهِ عَلَيْكُمْ ۚ وَأُحِلَّ

(کافروں سے لڑائی میں قید ہو کر) تمہارے قبضہ میں آ گئی ہوں (یہ احکام حرمت) تم پر

لَكُم مَّا وَرَاءَ ذَٰلِكُمْ أَن تَبْتَغُوا

(جو تم پر لازم کئے جاتے ہیں) اور (جو عورتیں تم پر حرام کی گئیں) انکے علاوہ سب

بِأَمْوَالِكُم مُّحْصِنِينَ غَيْرَ مُسَافِحِينَ ۚ

عورتیں (تمہارے لئے حلال ہیں) بشرطیکہ شہوت رانی کے لئے نہیں بلکہ قید

فَمَا اسْتَمْتَعْتُم بِهِ مِنْهُنَّ فَآتُوهُنَّ

(نکاح) میں لانے کی غرض سے ہوں یعنی مہر کے بدلہ نکاح کرنا چاہو پھر جن عورتوں سے

أُجُورَهُنَّ فَرِيضَةً ۚ وَلَا جُنَاحَ عَلَيْكُمْ

تم نے لطف (صحبت) اٹھایا ہو تو ان سے جو مہر ٹھیرا ہے انکے حوالہ کر دو اور ٹھیرانے کے پیچھے

فِيمَا تَرَاضَيْتُم بِهِ مِن بَعْدِ الْفَرِيضَةِ ۚ

(مہر کے کم و بیش کرنے پر) آپس میں جس (مقدار) پر رضی ہو جاؤ تم پر اسمیں کچھ گناہ نہیں

إِنَّ اللَّهَ كَانَ عَلِيمًا حَكِيمًا ۝

اللہ سب کے حال سے) واقف ہے اور سب کام حکمت (و تدبیر) سے کرتا ہے

Who is allowed to marry a concubine and when

And whosoever is not able to afford to marry believing, free women, let them marry from among the believing bondwomen whom your right hands possess. Allah Knoweth best (concerning) your faith. Ye (proceed) one from another; so wed them by permission of their folk, and give unto them their portions in kindness, they being honest, not debauched, nor of loose conduct. And if, when they are honourably married, they commit lewdness, they shall incur the half of the punishment (prescribed) for free women (in that case).

مَنْ يَّجُوْزُ لَهٗ اَنْ يَّنْكِحَ الْاِمَاءَ وَمَتٰى

لونڈی سے نکاح کرنے کی اجازت کس کو اور کس حالت میں ہے

وَمَنْ لَّمْ يَسْتَطِعْ مِنْكُمْ طَوْلًا اَنْ يَّنْكِحَ

اور تم میں سے جسکو پاکدامن مسلمان بیبیوں سے نکاح کرنے کا مقدور نہ ہو تو خیر

الْمُحْصَنٰتِ الْمُؤْمِنٰتِ فَمِنْ مَّا مَلَكَتْ

لونڈیاں (ہی سہی) جو (کافروں سے لڑائی میں) تم مسلمانوں کے قبضہ میں آجائیں

اَيْمَانُكُمْ مِّنْ فَتَيٰتِكُمُ الْمُؤْمِنٰتِ ۭ وَاللّٰهُ

بشرطیکہ ایمان رکھتی ہوں اور اللہ تمہارے ایمان کو خوب جانتا ہے (آدم زاد

اَعْلَمُ بِاِيْمَانِكُمْ ۭ بَعْضُكُمْ مِّنْ بَعْضٍ ۚ

ہونے کے اعتبار سے) تم ایک دوسرے کے ہم جنس ہو

فَانْكِحُوْهُنَّ بِاِذْنِ اَهْلِهِنَّ وَاٰتُوْهُنَّ اُجُوْرَهُنَّ

پس (بے تامل) لونڈی والوں کے اذن سے انکے ساتھ نکاح کرلو اور دستور

بِالْمَعْرُوْفِ مُحْصَنٰتٍ غَيْرَ مُسٰفِحٰتٍ

کے مطابق انکے مہر حوالے کردو مگر شرط یہ ہے کہ قید (نکاح) میں لائی جائیں

وَّلَا مُتَّخِذٰتِ اَخْدَانٍ ۚ فَاِذَآ اُحْصِنَّ

(اور) نہ (تو تم سے) بازاری عورتوں کا سا تعلق رکھنا چاہتی ہوں اور نہ [illegible]

فَاِنْ اَتَيْنَ بِفَاحِشَةٍ فَعَلَيْهِنَّ نِصْفُ

کا سا، پھر اگر قید (نکاح) میں آئے پیچھے کوئی بیحیائی کا کام کریں تو جو سزا بی بی کی

مَا عَلَى الْمُحْصَنٰتِ مِنَ الْعَذَابِ ۭ ذٰلِكَ

ہے اُس کی آدھی (لونڈی کی) یہ (لونڈی سے نکاح کرنے کی اجازت) اسی کو ہے

This is for him among you who feareth to commit sin. But to have patience would be better for you. Allah is Forgiving, Merciful.

Is Marriage with orphans girls allowed or not

They consult thee (O Prophet!) concerning Women. Say: Allah giveth you decree concerning them, and the Scripture that hath been recited unto you (giveth decree) concerning female orphans whom ye give not that which is ordained for them though ye desire to marry them.

۱۱۰

لِمَنْ خَشِيَ الْعَنَتَ مِنْكُمْ ط وَاَنْ تَصْبِرُوْا

جس کو تم میں گناہ (کر بیٹھنے) کا خوف ہو، اور صبر کرو تو تمہارے

خَيْرٌ لَّكُمْ ط وَاللّٰهُ غَفُوْرٌ رَّحِيْمٌ ۝

النساء

حق میں بہتر ہے، اور اللہ معاف کرنیوالا مہربان ہے

هَلْ يَجُوْزُ نِكَاحُ الْمُحْصَنٰتِ مِنَ الْيَتَامٰى اَوْلَا يَجُوْزُ

یتیم عورتوں سے نکاح کرنے کی اجازت ہے یا نہیں؟

وَيَسْتَفْتُوْنَكَ فِي النِّسَآءِ ط قُلِ اللّٰهُ

اور (اے پیغمبر لوگ) تم سے (یتیم) عورتوں (کے ساتھ نکاح کرنے) کا حکم مانگتے ہیں

يُفْتِيْكُمْ فِيْهِنَّ لا وَمَا يُتْلٰى عَلَيْكُمْ فِي

تو تم (ان کو) سمجھادو کہ اللہ تم کو ان کے (نکاح کے) بارے میں اجازت دیتا ہے

الْكِتٰبِ فِيْ يَتٰمَى النِّسَآءِ الّٰتِيْ لَا

(اور پہلے بھی اجازت تھی) اور (پہلے) قرآن میں جو (حکم) تم کو سنایا جاچکا ہے

تُؤْتُوْنَهُنَّ مَا كُتِبَ لَهُنَّ وَتَرْغَبُوْنَ

سو (وہ واقع میں) ان یتیم عورتوں کے بارے میں ہے جن کو تم اُن کا حق جو انکے لئے

اَنْ تَنْكِحُوْهُنَّ

النساء

ٹھہرادیا گیا ہی نہیں دیتے اور (باوجود اس کے) انکے ساتھ نکاح کرنیکی طرف راغب ہو

Should one marry a widow secretly.

أَيَجُوزُ أَنْ تُنْكَحَ الْأَيَامَى سِرًّا

کیا بیوہ عورتوں سے حیلے سے اور چپکے سے نکاح کر لینا چاہیئے

There is no sin for you in that which ye proclaim or hide in your minds concerning your troth with women. Allah knoweth that ye will think of (marrying) them. But plight not your troth with them except by uttering a recognised form of words.

وَلَا جُنَاحَ عَلَيْكُمْ فِيمَا عَرَّضْتُمْ بِهٖ مِنْ

اور اگر تم کسی بات کی آڑ میں ان عورتوں کو نکاح کا پیام دو

خِطْبَةِ النِّسَآءِ أَوْ أَكْنَنْتُمْ فِيٓ أَنْفُسِكُمْ ۚ عَلِمَ

یا اپنے دلوں میں چھپائے رکھو تو اس میں تم پر کچھ گناہ نہیں، اللہ کو معلوم

اللّٰهُ أَنَّكُمْ سَتَذْكُرُونَهُنَّ وَلٰكِنْ لَّا تُوَاعِدُوهُنَّ

ہے کہ تم کو ان (عورتوں سے نکاح کر لینے) کا خیال آئیگا (تو مضائقہ کی بات نہیں)

سِرًّا إِلَّآ أَنْ تَقُولُوا قَوْلًا مَّعْرُوفًا ۚ

مگر ان سے (نکاح کا) ٹھیراؤ تو چپکے سے بھی نہ کرنا ہاں جائز طور پر کمہ گذرو (تو کچھ حرج کی بات نہیں)

CHAPTER VI

اَلْبَابُ السَّادِسُ

چھٹا باب

Mutual relations between husband and wife

مَا يَنْبَغِيْ فِيْ مُعَاشَرَةِ الزَّوْجَيْنِ

میاں بیوی کا آپس میں کیسا برتاؤ ہونا چاہئے

Why is man Superior to woman? how to treat a rebellious woman

بِمَ فُضِّلَ الرِّجَالُ عَلَى النِّسَاءِ وَمَا تَأْدِيْبُ النَّاشِزَةِ

مرد کو عورت پر کیوں برتری ہے، سرچڑھی عورت کا علاج کیا ہے

Men are in charge of women, because Allah hath made the one of them to excel the other, and because they spend of their wealth (for the support of women). So good women are the obedient, guarding in secret that which Allah hath guarded. As for those (women) from whom ye fear rebellion, admonish them and banish them to beds apart, and scourge them. Then if they obey you, seek not a way against them.

اَلرِّجَالُ قَوّٰمُوْنَ عَلَى النِّسَآءِ بِمَا فَضَّلَ

مرد عورتوں کے سردھرے ہیں اس کے (دو) سبب (ہیں ایک) یہ کہ اللہ

اللّٰهُ بَعْضَهُمْ عَلٰى بَعْضٍ وَّبِمَآ اَنْفَقُوْا

نے بعض (یعنی مردوں) کو بعض (یعنی عورتوں) پر (دل کی مضبوطی اور جسمانی توانائی

مِنْ اَمْوَالِهِمْ ؕ فَالصّٰلِحٰتُ قٰنِتٰتٌ حٰفِظٰتٌ

میں) برتری دی ہے اور (دوسرا سبب) یہ ہے کہ مردوں نے عورتوں پر اپنا مال خرچ کیا ہے

لِّلْغَيْبِ بِمَا حَفِظَ اللّٰهُ ؕ وَالّٰتِیْ تَخَافُوْنَ

تو جو نیک بیبیاں ہیں (مردوں کا) کہا مانتی (اور) خدا کی عنایت سے (انکے) پیچھے (ہر ایک چیز

نُشُوْزَهُنَّ فَعِظُوْهُنَّ وَاهْجُرُوْهُنَّ فِی

کی) حفاظت رکھتی ہیں اور تم کو جن بیبیوں کے سرچڑھنے کا اندیشہ ہو تو پہلی دفعہ انکو

الْمَضَاجِعِ وَاضْرِبُوْهُنَّ ۚ فَاِنْ اَطَعْنَكُمْ

سمجھا دو پھر انکے ساتھ ہمبستری موقوف کردو اور اس پر بھی نہ مانیں تو انکے ساتھ

فَلَا تَبْغُوْا عَلَيْهِنَّ سَبِيْلًا ط اِنَّ اللّٰهَ كَانَ

مار پیٹ سے پیش آؤ، پھر اگر تمہاری بات ماننے لگیں تو تم بھی اُن پر (ناحق کے چھڈ سے

عَلِيًّا كَبِيْرًا ۝ النساء ۳۴

رکھنے کیلئے) پہلو نہ ڈھونڈتے پھرو (اللہ سب پر) غالب اور بڑا زبردست ہے (تو اُس سے ڈرتے رہو)

Surely Allah is ever High Exalted, Great.

Has man been endowed with superiority over woman

اَلرِّجَالُ عَلَى النِّسَآءِ دَرَجَةٌ

کیا مرد کو عورت پر فوقیت عطا کی گئی ہے

وَلِلرِّجَالِ عَلَيْهِنَّ دَرَجَةٌ ط وَاللّٰهُ عَزِيْزٌ حَكِيْمٌ ۝ البقرة ۲۲۸

ہاں مردوں کو عورتوں پر فوقیت ہے اور اللہ غالب (اور) حکمت والا ہے

And men are a degree above them (women); and Allah is Mighty, Wise.

Are the rights of the male and female equal

هَلِ الزَّوْجَانِ سَوَاءَانِ فِي الْحَقِّ

کیا مرد و عورت کے حقوق برابر قرار دیئے گئے ہیں

وَلَهُنَّ مِثْلُ الَّذِيْ عَلَيْهِنَّ بِالْمَعْرُوْفِ ط البقرة ۲۲۸

اور جیسے مردوں کا حق) عورتوں پر ویسے دستور کے مطابق عورتوں کا (حق مردوں پر)

And they (the women) have rights similar to those (of men) over them in a just manner.

What is the Difference between male and female in respect of actions

مَا الْفَرْقُ بَيْنَ الرَّجُلِ وَالْمَرْاَةِ فِي الْاَعْمَالِ

اعمال کے بارے میں مرد و عورت میں کیا فرق ہے

فَاسْتَجَابَ لَهُمْ رَبُّهُمْ اَنِّيْ لَآ اُضِيْعُ عَمَلَ

تو اُن کے پروردگار نے اُن کی دعا قبول کر لی (اور فرمایا) کہ ہم تم میں سے کسی

عَامِلٍ مِّنْكُمْ مِّنْ ذَكَرٍ اَوْ اُنْثٰى ج بَعْضُكُمْ

(نیک عمل کرنیوالے) کے عمل کو اکارت نہیں جانے دیتے مرد ہو یا عورت (اس بارے

مِّنْ بَعْضٍ ج آل عمران ۱۹۵

میں مرد عورت میں کچھ فرق نہیں کیونکہ) تم سب ایک دوسرے کی جنس ہو

And their Lord hath heard them (and He saith): Surely I suffer not the work of any worker among you, male or female, to be lost. Ye proceed one from another.

Is man superior to woman in respect of actions

أَفْضَلُ الرِّجَالُ عَلَى النِّسَاءِ عَمَلًا بِكَوْنِهِمْ رِجَالًا

کیا مرد کو اعمال کے لحاظ سے عورت پر فضیلت ہوگی

Unto men (is) a portion of that which they have earned, and unto women a portion of that which they have earned. (Envy not one another). But ask Allah of His Bounty. Surely Allah is ever knower of all things.

لِلرِّجَالِ نَصِيبٌ مِّمَّا اكْتَسَبُوا ۖ وَلِلنِّسَاءِ نَصِيبٌ

مردوں نے جیسے اعمال کئے ہوں اُن کو (ثواب میں سے) اُن کا حصہ، اور عورتوں

مِّمَّا اكْتَسَبْنَ ۚ وَاسْأَلُوا اللَّهَ مِن فَضْلِهِ ۗ إِنَّ

نے جیسے عمل کئے ہوں ان کو (ثواب میں سے) ان کا حصہ، اور (ہر وقت) اللہ سے

اللَّهَ كَانَ بِكُلِّ شَيْءٍ عَلِيمًا ۝ النساء ۳۲

اس کا فضل مانگتے رہو، اللہ ہر چیز سے بخوبی واقف ہے

Punishment for Man and woman guilty of lewdness

مَا يُفْعَلُ بِالَّذِينَ يَأْتِيَانِ الْفَاحِشَةَ

مرد یا عورت بدفعلی کرے تو کیا علاج ہے

1. As for those of your women who are guilty of lewdness, call to witness four of you against them. And if they testify (to the truth of the allegation) then confine them to the houses until death take them or (until) Allah appoint for them a way (through new legislation).

١- وَاللَّاتِي يَأْتِينَ الْفَاحِشَةَ مِن نِّسَائِكُمْ

اور (مسلمانو!) تمہاری عورتوں میں سے جو عورتیں بدکاری کی مرتکب ہوں تو

فَاسْتَشْهِدُوا عَلَيْهِنَّ أَرْبَعَةً مِّنكُمْ ۖ فَإِن

اُن (کی بدفعلی) پر اپنے لوگوں میں سے چار کی گواہی لو، پس اگر گواہ اُن کی

شَهِدُوا فَأَمْسِكُوهُنَّ فِي الْبُيُوتِ حَتَّىٰ

بدکاری کی تصدیق کریں تو (سزا کے طور پر) ان عورتوں کو گھروں میں بند

يَتَوَفَّاهُنَّ الْمَوْتُ أَوْ يَجْعَلَ اللَّهُ لَهُنَّ سَبِيلًا ۝ النساء ۱۵

رکھو یہاں تک کہ موت ان کا کام تمام کردے، یا اللہ ان کے لئے کوئی رستہ نکالے

2. And as for the two of you who are guilty thereof, punish them both. And

٢- وَاللَّذَانِ يَأْتِيَانِهَا مِنكُمْ فَآذُوهُمَا ۖ فَإِن

اور جو دو شخص تم لوگوں میں بدکاری کے مرتکب ہوں تو اُن کو پیٹو، پھر اگر

if they repent and improve, then let them be. Surely Allah is Relenting, Merciful.

تَابَا وَأَصْلَحَا فَأَعْرِضُوا عَنْهُمَا ۚ إِنَّ اللَّهَ كَانَ تَوَّابًا رَّحِيمًا ۝

توبہ کریں اور اپنی اصلاح کرلیں تو اُن سے زیادہ تعرض نہ کرو کیونکہ اللہ بڑا توبہ قبول کرنے والا مہربان ہے

النساء

Should women be taken into possession as a matter of right

أيجوز للمسلمين أن ترثوا النساء كرها

کیا عورتوں کو میراث سمجھ کر ان پر زبردستی قبضہ کرنا چاہیئے

O ye who believe! It is not lawful for you forcibly to inherit the women (of your deceased kinsmen).

يَا أَيُّهَا الَّذِينَ آمَنُوا لَا يَحِلُّ لَكُمْ أَن تَرِثُوا النِّسَاءَ كَرْهًا ۖ

مسلمانو! تم کو روا نہیں کہ عورتوں کو میراث (میت) سمجھ کر زبردستی اُن پر قبضہ کرلو

النساء

What to do if the wife is undesirable

ما ينبغي لاحد اذا كره زوجه

بیوی ناپسند ہو تو کیا کرنا چاہیئے

If ye hate them it may happen that ye hate a thing wherein Allah hath placed much good.

فَإِن كَرِهْتُمُوهُنَّ فَعَسَىٰ أَن تَكْرَهُوا شَيْئًا وَيَجْعَلَ اللَّهُ فِيهِ خَيْرًا كَثِيرًا ۝

اگر تم کو (کسی وجہ سے) بیوی ناپسند ہو تو عجب نہیں کہ تم کو ایک چیز ناپسند ہو اور اللہ اس میں بہت خیر و برکت دے

النساء

How to treat the first wife in case a second wife is taken

ما ينبغي لاحد في زوجه الاولى اذا نكح الاخرى

دوسری بیوی کرلے تو پہلی سے کیا سلوک کرنا چاہیئے

And if ye wish to exchange one wife for another and ye have given the first

وَإِنْ أَرَدتُّمُ اسْتِبْدَالَ زَوْجٍ مَّكَانَ زَوْجٍ

اور اگر تمہارا ارادہ ایک بیوی کو بدل کر اس کی جگہ دوسری بیوی کرنے کا ہو تو

of them a heap (of wealth), take back nothing from it. Would ye take it by the way of calumny and open wrong?

وَّ اٰتَیۡتُمۡ اِحۡدٰىهُنَّ قِنۡطَارًا فَلَا تَاۡخُذُوۡا

گو تم نے انمیں کی ایک (یعنی پہلی بی بی) کو ڈھیر سا مال دیدیا ہو تاہم اسمیں سے کچھ بھی (واپس) نہ لیلیا

مِنۡهُ شَیۡـًٔا ؕ اَتَاۡخُذُوۡنَهٗ بُهۡتَانًا وَّ اِثۡمًا مُّبِیۡنًا ۞ ۲۰

(تمہاری غیرت جائز رکھتی ہے کہ) کسی قسم کا بہتان لگاکر اور صریح بیجابات کرکے اپنا دیا ہوا اس سے واپس لیتے ہو

How to treat more than one wife

کَیۡفَ الۡمُعَاشَرَةُ مَعَ عِدَّةِ الۡاَزۡوَاجِ

کئی بیویاں کرو تو ان سے کیا سلوک کرنا چاہیئے

Ye will not be able to deal equally between (your) wives, however much ye wish (to do so). But turn not altogether away (from one), leaving her as in suspense. If ye do good and guard (against evil), Surely Allah is Ever-Forgiving, Merciful.

وَلَنۡ تَسۡتَطِیۡعُوۡۤا اَنۡ تَعۡدِلُوۡا بَیۡنَ النِّسَآءِ وَ

اور تم (اپنی طرف سے) بہتیرا چاہو لیکن یہ تو تم سے نہیں ہوسکیگا کہ (کئی کئی)

لَوۡ حَرَصۡتُمۡ فَلَا تَمِیۡلُوۡا کُلَّ الۡمَیۡلِ فَتَذَرُوۡهَا

بیویوں میں (پوری پوری) برابری کرسکو تو بالکل (ایک ہی کی طرف) مت جھک پڑو

کَالۡمُعَلَّقَةِ ؕ وَ اِنۡ تُصۡلِحُوۡا وَ تَتَّقُوۡا فَاِنَّ

کہ دوسری کو (اس طرح) چھوڑ بیٹھو گویا ادھر میں لٹک رہی ہے اور اگر (آپس میں)

اللّٰهَ کَانَ غَفُوۡرًا رَّحِیۡمًا ۞ ۱۲۹

موافقت کرلو اور (ایک دوسرے پر زیادتی کرنے سے) بچے رہو تو اللہ بخشنے والا مہربان ہے

Condition for marrying more than one wife

بِاَیِّ شَرۡطٍ تَتَعَلَّقُ الرُّخۡصَةُ فِیۡ نِکَاحِ الۡاَزۡوَاجِ الۡاَرۡبَعِ

کس شرط کے ساتھ چار بیویوں کی اجازت ہے

And if ye fear that ye cannot do justice (to so many) then (confine yourself to) one only or (the captives) that your right hands possess; thus it is more likely that ye will not do injustice.

فَاِنۡ خِفۡتُمۡ اَلَّا تَعۡدِلُوۡا فَوَاحِدَةً اَوۡ مَا

لیکن اگر تمکو اس بات کا اندیشہ ہو کہ (کئی بیویوں میں) برابری سلوک برتاؤ نہ کرسکو گے تو (اس صورت میں) ایک ہی

مَلَکَتۡ اَیۡمَانُکُمۡ ؕ ذٰلِکَ اَدۡنٰۤی اَلَّا تَعُوۡلُوۡا ؕ ۞ ۳

بیوی کرنا یا جو لونڈی تمہارے قبضہ میں ہو (اسی پر قناعت کرنا) نا منصفانہ برتاؤ سے بچنے کیلئے یہ تدبیر زیادہ قرین مصلحت ہے،

CHAPTER VII

اَلْبَابُ السَّابِعُ

ساتواں باب

What to do in case of differences between husband and wife

مَا يَنْبَغِي فِي الْخِلَافِ بَيْنَ الزَّوْجَيْنِ

میاں بیوی میں کھٹ پٹ ہو تو کیا کرنا چاہیئے

مَا يَنْبَغِي فِي شِقَاقِ الزَّوْجَيْنِ

میاں بیوی میں جھگڑا ہو تو کیا کرنا چاہیئے

And if ye fear a breach between them twain (the man and his wife), appoint an arbiter from his folk and an arbiter from her folk. If they desire amendment Allah will make them of one mind. Surely Allah is Ever-Knower, Aware.

وَإِنْ خِفْتُمْ شِقَاقَ بَيْنِهِمَا فَابْعَثُوا حَكَمًا

اور اگر تم کو میاں بی بی میں کھٹ پٹ کا اندیشہ ہو تو ایک پنچ مرد کے کنبہ میں سے

مِّنْ أَهْلِهِ وَحَكَمًا مِّنْ أَهْلِهَا ۚ إِن يُرِيدَا

مقرر کرو، اور ایک پنچ عورت کے کنبے سے اگر پنچوں کا (دلی) ارادہ میاں بیوی

إِصْلَاحًا يُوَفِّقِ اللَّهُ بَيْنَهُمَا ۗ إِنَّ اللَّهَ كَانَ

میں اصلاح کرا دینے کا ہوگا تو اللہ (انکے سمجھانے سے) دونوں میں موافقت

عَلِيمًا خَبِيرًا ۝

کر دیگا، اللہ سب کے دلی ارادوں سے خوب باخبر ہے

What should a wife do in case she fears injustice from her husband

مَا يَنْبَغِي لِلْمَرْأَةِ إِذَا خَافَتْ مِنْ بَعْلِهَا عُدْوَانًا

کسی عورت کو اپنے شوہر کی طرف سے زیادتی کا اندیشہ ہو تو کیا کرے

And if a woman feareth ill treatment from her husband,

وَإِنِ امْرَأَةٌ خَافَتْ مِنْ بَعْلِهَا نُشُوزًا أَوْ

اور اگر کسی عورت کو اپنے شوہر کی طرف سے زیادتی یا بے رغبتی کا اندیشہ ہو تو

or desertion, it is no sin for them-twain if they make terms of peace between themselves. Peace is better (in any case). But greed hath been made present in the minds. If ye do good and guard (yourselves against evil), surely Allah is Ever-Informed of what ye do.

What to do in case reconciliation between husband and wife is not possible

And if they do separate, Allah will compensate each out of His abundance. Allah is ever All-Embracing All-Knowing.

إِعْرَاضًا فَلَا جُنَاحَ عَلَيْهِمَا أَنْ يُصْلِحَا

(میاں بی بی) دونوں (میں سے کسی) پر کچھ گناہ نہیں کہ (اصلاح کی کوئی بات ٹھہرا کر)

بَيْنَهُمَا صُلْحًا ۚ وَالصُّلْحُ خَيْرٌ ۗ وَأُحْضِرَتِ

آپس میں صلح کرلیں۔ اور صلح (بہرحال) بہتر ہے اور (تھوڑا بہت) بخل تو

الْأَنْفُسُ الشُّحَّ ۚ وَإِنْ تُحْسِنُوا وَتَتَّقُوا فَإِنَّ

(سب ہی کی) طبیعت میں ہوتا ہے اور اگر (ایک دوسرے کے ساتھ) سلوک کرو

اللَّهَ كَانَ بِمَا تَعْمَلُونَ خَبِيرًا ۝

پ۵ النساء

اور (سخت گیری سے) بچے رہو تو خدا تمہارے (ان نیک) کاموں سے باخبر ہے

مَا يَنْبَغِي إِذَا لَمْ يُمْكِنِ الصَّلَاحُ بَيْنَ الزَّوْجَيْنِ

اگر میاں بیوی میں میل نہ ہو سکے تو کیا کرنا چاہیے

وَإِنْ يَتَفَرَّقَا يُغْنِ اللَّهُ كُلًّا مِنْ سَعَتِهِ ۚ

اور اگر (میاں بیوی میں اصلاح کی کوئی صورت نہ بن پڑے اور) ایک دوسرے سے جدا ہو جائیں تو اللہ اپنے

وَكَانَ اللَّهُ وَاسِعًا حَكِيمًا ۝

پ۵ النساء ۹

خزانہ غیب سے دونوں کو بے نیاز کر دیگا اور اللہ کے ہاں بڑی گنجائش ہے اور اسکی تدبیر بڑی محکم (تدبیر) ہے

Punishment for dishonouring good women

مَاحَدُّ قَذْفِ الْمُحْصَنٰتِ

پاکدامن عورتوں پر تہمت لگانے کی سزا کیا ہے

Surely as for those who traduce virtuous, believing women (who are) unaware (of evil ideas) cursed are they in the world and in the Hereafter. Theirs will be an awful doom.

اِنَّ الَّذِيْنَ يَرْمُوْنَ الْمُحْصَنٰتِ الْغٰفِلٰتِ

جو لوگ پاک دامن عورتوں پر (زنا کی) تہمت لگاتے ہیں جو (بیچاریاں ایسی

الْمُؤْمِنٰتِ لُعِنُوْا فِى الدُّنْيَا وَالْاٰخِرَةِ ۪ وَ

باتوں سے محض) بےخبر ہیں اور ایمان رکھتی ہیں ایسے لوگ دنیا اور آخرت (دونوں) پ۱۸ النور

لَهُمْ عَذَابٌ عَظِيْمٌ ۙ

میں ملعون ہیں اور (قیامت کے دن) ان کو بڑا عذاب ہوگا

DIVORCE

اَلطَّلَاقُ

طلاق

Oath for not going near the wife

مَايَنْبَغِىْ فِىْ اِيْلَاءِ النِّسَاءِ

اگر بیوی سے نہ ملنے کی قسم کھالی ہے تو کیا کرنا چاہئے

Those who forswear their wives must wait four months, then if they change their minds, surely Allah is Forgiving, Merciful. And if they decide upon divorce (let them remember that) Allah is Hearer, Knower.

لِلَّذِيْنَ يُؤْلُوْنَ مِنْ نِّسَآئِهِمْ تَرَبُّصُ

اور جو لوگ اپنی بیویوں کے پاس جانے کی قسم کھا بیٹھیں ان کو چار مہینے کی مہلت

اَرْبَعَةِ اَشْهُرٍ ۚ فَاِنْ فَآءُوْ فَاِنَّ اللّٰهَ غَفُوْرٌ

ہے، پھر اس مدت میں رجوع کرلیں تو اللہ بخشنے والا مہربان

رَّحِيْمٌ ۝ وَاِنْ عَزَمُوا الطَّلَاقَ فَاِنَّ اللّٰهَ

ہے اور اگر طلاق کی ٹھان لیں تو بھی اللہ

سَمِيْعٌ عَلِيْمٌ ۝ پ۲ البقرۃ

سنتا جانتا ہے

How long should divorce women wait to remarry

Women who are divorced shall wait, keeping themselves apart three (monthly) courses. And it is not lawful for them that they should conceal that which Allah hath created in their wombs if they are believers in Allah and the Last Day.

كَمْ مُدَّةً تَتَرَبَّصُ الْمُطَلَّقٰتُ

مطلقہ عورتوں کو کتنے دن رُکنا چاہیئے

وَالْمُطَلَّقٰتُ يَتَرَبَّصْنَ بِاَنْفُسِهِنَّ ثَلٰثَةَ

اور جن عورتوں کو طلاق دے دی گئی ہو وہ اپنے آپ کو تین دفعہ کپڑوں کے آنے

قُرُوْٓءٍ ؕ وَلَا يَحِلُّ لَهُنَّ اَنْ يَّكْتُمْنَ مَا

تک روک رکھیں، اور اگر اللہ اور روزِ آخرت پر یقین رکھتی ہیں تو جو کچھ بھی

خَلَقَ اللّٰهُ فِىْٓ اَرْحَامِهِنَّ اِنْ كُنَّ يُؤْمِنَّ

(بچے کی قسم سے) خدا نے اُن کے پیٹ میں پیدا کر رکھا ہو اُس کا چھپانا

بِاللّٰهِ وَالْيَوْمِ الْاٰخِرِ ؕ پ۲ البقرة ۲

اُن کو جائز نہیں

Can the divorced woman be remarried to the same man

And during that (period before the third pronouncment) their husbands are better entitled to take them back if they desire improvemnt (of relations).

هَلْ يَجُوْزُ لِاَحَدٍ اَنْ يَّرُدَّ طَالِقَةً

کیا طلاق دی ہوئی عورت زوجیت میں واپس لی جا سکتی ہے

وَبُعُوْلَتُهُنَّ اَحَقُّ بِرَدِّهِنَّ فِىْ ذٰلِكَ اِنْ

اور اُن کے شوہر (ان کو) اچھی طرح رکھنا چاہیں تو وہ اس اثنا میں ان کو

اَرَادُوْٓا اِصْلَاحًا ؕ پ۲ البقرة ۲

(اپنی زوجیت میں) واپس لینے کے زیادہ حقدار ہیں

Talaq-i-Raj'i

1. Divorce (after which reconciliation is possible) has to be (pronounced) twice and then (after the third pronounce-

مَا الْحُكْمُ بَعْدَ الطَّلَاقِ الثَّانِىْ

دوسری دفعہ طلاق دینے کے بعد کیا ہو سکتا ہے

اَلطَّلَاقُ مَرَّتٰنِ فَاِمْسَاكٌۢ بِمَعْرُوْفٍ اَوْ

طلاق (جسکے بعد رجوع بھی ہو سکتا ہے وہ دو ہی طلاقیں ہیں جو) دو دفعہ (اکر کے) دی جائیں پھر

ment) she must be retained in honour or released with kindness.

What to do after the third pronouncement of divorce

And when ye have divorced women and they have reached their term, then retain them in a just manner or release them in a just manner. And retain them not to inflict harm unto them so that ye transgress (the limits). He who doth that doth wrong his (own) self. Make not the revelations of Allah a laughing stock (by your behaviour), but remember Allah's Grace upon you and that which he hath revealed unto you of the Scripture and of Wisdom, whereby He doth exhort you. Observe your duty to Allah and know that Allah is Aware of all things.

تَسْرِيحٌ بِإِحْسَانٍ ط

(دو طلاقوں کے بعد یا تو) دستور کے مطابق (زوجیت میں) رکھنا ہے یا حسن سلوک کے ساتھ رخصت کر دینا

مَا يَفْعَلُ بِزَوْجِهِ إِذَا طَلَّقَهَا طَلَاقًا ثَانِيًا

دوسری دفعہ طلاق دینے کے بعد عورت کے ساتھ کیا سلوک کرنا چاہیئے

وَإِذَا طَلَّقْتُمُ النِّسَاءَ فَبَلَغْنَ أَجَلَهُنَّ

اور جب تم نے عورتوں کو (دوبارہ) طلاق دے دی اور ان کی عدت پوری

فَأَمْسِكُوهُنَّ بِمَعْرُوفٍ أَوْ سَرِّحُوهُنَّ

ہونے کو آئی تو دو باتوں میں سے ایک بات اختیار کر لو یا تو رجوع کر کے (دستور

بِمَعْرُوفٍ وَلَا تُمْسِكُوهُنَّ ضِرَارًا لِّتَعْتَدُوا ج

کے مطابق ان کو زوجیت میں رکھو یا تیسری طلاق دیکر) ان کو اچھی طرح رخصت

وَمَنْ يَفْعَلْ ذَٰلِكَ فَقَدْ ظَلَمَ نَفْسَهُ ط وَ

کر دو ایذا دہی کیلئے ان کو (اپنی زوجیت میں) نہ رکھنا کہ (بعد کو ان پر) لگو زیادتی کرنے اور

لَا تَتَّخِذُوا آيَاتِ اللَّهِ هُزُوًا ز وَاذْكُرُوا نِعْمَتَ

جو ایسا کریگا وہ کچھ اپنا ہی کھوئے گا، اور اللہ کے احکام کو ہنسی کھیل نہ سمجھو اور اللہ نے جو

اللَّهِ عَلَيْكُمْ وَمَا أَنْزَلَ عَلَيْكُمْ مِّنَ

تم پر احسان کئے ہیں ان کو یاد کرو اور (اس کا) یہ (احسان بھی یاد کرو) کہ اس نے

الْكِتَابِ وَالْحِكْمَةِ يَعِظُكُمْ بِهِ ط وَاتَّقُوا اللَّهَ

تم پر کتاب اور عقل کی باتیں اتاریں (جن سے منظور یہ ہے کہ) تم کو ان کے ذریعہ سے نصیحت

وَاعْلَمُوا أَنَّ اللَّهَ بِكُلِّ شَيْءٍ عَلِيمٌ ○

کرے اور اللہ سے ڈرتے رہو اور جان رکھو کہ اللہ سب کچھ جانتا ہے

After divorce should man take back anything out of what he has given to the woman

اَيَنْبَغِىْ لِاَحَدٍ اَنْ يَّاْخُذَ بَعْدَ الطَّلَاقِ بَعْضَ مَا اٰتٰى زَوْجَهٗ

کیا جو کچھ عورت کو مرد نے دے دیا ہے طلاق کے بعد واپس لے لینا چاہیئے

And it is not lawful for you that ye take from women aught of that which ye have given them except (in case) when both fear that they may not be able to keep within the limits (imposed by) Allah. And if ye fear that they may not be able to keep the limits of Allah, in that case it is no sin for either of them if the woman ransome herself. These are the limits of Allah. Transgress them not. For whoso transgresseth Allah's limits, such are the wrongdoers.

وَلَا يَحِلُّ لَكُمْ اَنْ تَاْخُذُوْا مِمَّآ اٰتَيْتُمُوْهُنَّ

اور جو تم ان کو دے چکے ہو اس میں سے تم کو کچھ (بھی واپس) لینا جائز نہیں مگر یہ کہ دونوں

شَيْـًٔا اِلَّآ اَنْ يَّخَافَآ اَلَّا يُقِيْمَا حُدُوْدَ اللّٰهِ

(میاں بیوی) کو (اس بات کا) خوف ہو کہ خدا نے (میاں بیوی کے سلوک کی) جو حدیں ٹھہرائی

فَاِنْ خِفْتُمْ اَلَّا يُقِيْمَا حُدُوْدَ اللّٰهِ فَلَا

ہیں ان پر قائم نہیں رہ سکینگے تو (اس صورت میں کہ) اگر تم لوگوں کو اس کا خوف ہو کہ (میاں بیوی)

جُنَاحَ عَلَيْهِمَا فِيْمَا افْتَدَتْ بِهٖ تِلْكَ

اللہ کی حدوں پر قائم نہیں رہ سکینگے اور عورت (اپنا پیچھا چھڑانے کے عوض) کچھ دے نکلے

حُدُوْدُ اللّٰهِ فَلَا تَعْتَدُوْهَا وَمَنْ يَّتَعَدَّ

تو ہمیں دونوں پر کچھ گناہ نہیں، یہ اللہ کی باندھی ہوئی حدیں ہیں تو ان سے (آگے) مت

حُدُوْدَ اللّٰهِ فَاُولٰٓئِكَ هُمُ الظّٰلِمُوْنَ ○

بڑھو اور جو اللہ کی حدوں سے آگے بڑھ جائیں گے تو یہی ہر سر نا حق ہیں

Should a widow be deprived of anything

اَيَجُوْزُ اَنْ يُّؤْخَذَ مِنَ الْاَيَامٰى مِمَّآ اُوْتِيْنَ

کیا بیوہ عورت کو کچھ مال دے کر واپس لے لینا چاہیئے

And ye should not put constraint upon them that ye may take back a part of that which ye have given them unless they be guilty of flagrant lewdness.

وَلَا تَعْضُلُوْهُنَّ لِتَذْهَبُوْا بِبَعْضِ مَآ

اور جو کچھ تم نے انکو (ترکہ شوہری میں سے) دیا ہے اس میں سے کچھ چھین لینے کی نیت سے انکو (گھروں میں) قید نہ رکھو کہ

اٰتَيْتُمُوْهُنَّ اِلَّآ اَنْ يَّاْتِيْنَ بِفَاحِشَةٍ مُّبَيِّنَةٍ

دوسرے سے نکاح نہ کرنے پائیں، ہاں ان سے کوئی کھلی بدکاری سرزد ہو تو (قید رکھنے کا مضائقہ نہیں)

What to do after the third pronouncement of divorce

And if he hath divorced her (the third time), then she is not lawful unto him therefater except in case she hath wedded another husband (and been divorced again). Then if he (the second husband) divorce her it is no sin for both of them that they come together again if they consider that they will be able to observe the limits of Allah. And these are the limits of Allah which He manifesteth for a people who have knowledge.

Should the divorced woman be prevented from marrying again

And when ye have divorced women and they reach their term, place not difficulties in the way of their marrying their (new) husbands if it is agreed between them in a just manner. That is an admonition for him

مَا الْحُكْمُ بَعْدَ الطَّلَاقِ الثَّالِثِ

اگر تین دفعہ طلاق دے دی تو پھر کیا کرنا چاہیئے

فَإِنْ طَلَّقَهَا فَلَا تَحِلُّ لَهُ مِنْ بَعْدُ حَتَّىٰ

اب اگر عورت کو (تیسری بار) طلاق دیدی تو اسکے بعد جبتک عورت دوسرے شوہر سے

تَنْكِحَ زَوْجًا غَيْرَهُ ۗ فَإِنْ طَلَّقَهَا فَلَا جُنَاحَ

نکاح نہ کرے اس کیلئے حلال نہیں ہوسکتی، ہاں اگر وہ (دوسرا شوہر ہمبستری کرکے) طلاق

عَلَيْهِمَا أَنْ يَتَرَاجَعَا إِنْ ظَنَّا أَنْ يُقِيمَا

دیدے تو دونوں (میاں بیوی) پر کچھ گناہ نہیں کہ وہ ایک دوسرے کی طرف رجوع کریں

حُدُودَ اللَّهِ ۗ وَتِلْكَ حُدُودُ اللَّهِ يُبَيِّنُهَا

بشرطیکہ دونوں کو توقع ہو کہ اللہ کی (باندھی ہوئی) حدود پر قائم رہ سکینگے اور یہ اللہ کی

لِقَوْمٍ يَعْلَمُونَ ۝

حدیں ہیں جنکو ان لوگوں کیلئے بیان فرمایا ہے جو (مصالح خانہ داری کو) سمجھتے ہیں

أَيَجُوزُ لِأَحَدٍ أَنْ يَعْضُلَ الْمُطَلَّقَةَ أَنْ تَنْكِحَ زَوْجًا آخَرَ

کیا طلاق دی ہوئی عورتوں کو کسی دوسرے سے نکاح سے روکنا چاہیئے

وَإِذَا طَلَّقْتُمُ النِّسَاءَ فَبَلَغْنَ أَجَلَهُنَّ

اور جب تم عورتوں کو (تین بار) طلاق دیدو اور وہ اپنی (عدت کی) مدت پوری

فَلَا تَعْضُلُوهُنَّ أَنْ يَنْكِحْنَ أَزْوَاجَهُنَّ

کرلیں اور جائز طور پر آپس میں (کسی سے) انکی مرضی ملجائے تو انکو (دوسرے) شوہر

إِذَا تَرَاضَوْا بَيْنَهُمْ بِالْمَعْرُوفِ ۗ ذَٰلِكَ يُوعَظُ

سے نکاح کر لینے سے نہ روکو، یہ نصیحت اس کو کی جاتی ہے جو تم میں

among you who believeth in Allah and the Last Day. That is more virtuous for you, and cleaner, Allah knoweth (what is good for you), ye know not.

بِهٖ مَنْ كَانَ مِنْكُمْ يُؤْمِنُ بِاللّٰهِ وَالْيَوْمِ

اللہ اور روزِ آخرت پر ایمان رکھتا ہو، یہ تمہارے

الْاٰخِرِ ۭ ذٰلِكُمْ اَزْكٰى لَكُمْ وَاَطْهَرُ ۭ وَاللّٰهُ

لئے بڑی پاکیزگی اور صفائی کی بات ہے اور (خانہ داری کی مصلحتوں

يَعْلَمُ وَاَنْتُمْ لَا تَعْلَمُوْنَ ۝ (البقرۃ ۲۳۲)

کو) اللہ ہی خوب جانتا ہے، اور تم نہیں جانتے

What is the period prescribed for nursing

كم مدة الرضاعة

دودھ پلانے کی میعاد کیا ہے

Mothers shall suckle their children for two whole years; (that is) for those who wish to complete the suckling.

وَالْوٰلِدٰتُ يُرْضِعْنَ اَوْلَادَهُنَّ حَوْلَيْنِ

اور جو شخص (بی بی کو طلاق دینے کے پیچھے اپنی اولاد کو) پوری مدت دودھ پلوانا

كَامِلَيْنِ لِمَنْ اَرَادَ اَنْ يُّتِمَّ الرَّضَاعَةَ ۭ (البقرۃ ۲۳۳)

چاہے تو مائیں اپنی اولاد کو پورے دو برس دودھ پلائیں

How should man treat the divorced wife if she nurses their child

ما يجب على المولود له اذا ارضعته المطلقة

مطلقہ عورت بچے کو دودھ پلائے تو باپ کو اس کے ساتھ کیا سلوک کرنا چاہیے

The duty of feeding and clothing the nursing mothers in a seemly manner is upon the father of the child. No one should be charged beyond his (or her) capacity. A mother should not be made to suffer because of her child, nor should he to whom the child is born (be made to suffer) because of his child. And on the

وَعَلَى الْمَوْلُوْدِ لَهٗ رِزْقُهُنَّ وَكِسْوَتُهُنَّ

اور جس کا بچہ ہے (یعنی باپ) اس پر دستور کے مطابق ماؤں کا کھانا کپڑا

بِالْمَعْرُوْفِ ۭ لَا تُكَلَّفُ نَفْسٌ اِلَّا وُسْعَهَا ۚ

دینا لازم ہے (نان و نفقہ کے ٹھہراؤ میں) کسی کو تکلیف نہ دی جائیگی مگر وہیں تک کہ اس کی

لَا تُضَاۗرَّ وَالِدَةٌۢ بِوَلَدِھَا وَلَا مَوْلُوْدٌ لَّهٗ

گنجائش ہو، ماں کو اسکے بچے کی وجہ سے کسی طرح کا نقصان نہ پہنچایا جائے اور نہ اسکو جس کا بچہ

(یعنی باپ کو اسکے بچے کی وجہ سے کسی طرح کا نقصان پہنچایا جائے) اور اگر دودھ

(father's) heir is incumbent the like of that (which was incumbent on the father). If they desire to wean the child by mutual consent and (after) consultation, it is no sin for them. And if ye wish to give your children out to nurse it is no sin for you, provided that ye pay what is due from you in a just manner. Observe your duty to Allah, and know that Allah is Seer of what ye do.

بِوَلَدِهٖ ۚ وَعَلَى الْوَارِثِ مِثْلُ ذٰلِكَ ۚ فَاِنْ اَرَادَا

پلانے کا نان ونفقہ جیسا اصل باپ پر) ویسا ہی اس کے وارث پر، پھر اگر دو وقت سے

فِصَالًا عَنْ تَرَاضٍ مِّنْهُمَا وَتَشَاوُرٍ فَلَا

پہلے ماں باپ) دونوں اپنی مرضی اور صلاح سے (دُودھ) چھڑانا چاہیں

جُنَاحَ عَلَيْهِمَا ؕ

تو اُن پر کچھ گناہ نہیں

البقرۃ ۲ ۱۵

IDDAT

اَلْعِدَّةُ

عدت

What is 'Iddat' and what is its duration

مَا هِيَ الْعِدَّةُ وَكَمْ مُدَّتُهَا

عدت کیا ہے اور اس کی مدت کتنی ہے

Such of you as die and leave behind wives, they (the wives) shall wait, keeping themselves apart, four months and ten days, And when they reach the term (prescribed for them) then there is no sin for you in aught that they may do with themselves in a just manner. Allah is Informed of what ye do.

وَالَّذِيْنَ يُتَوَفَّوْنَ مِنْكُمْ وَيَذَرُوْنَ
اور تم میں جو لوگ مر جائیں اور بیویاں چھوڑ مریں تو
اَزْوَاجًا يَّتَرَبَّصْنَ بِاَنْفُسِهِنَّ اَرْبَعَةَ اَشْهُرٍ
(عورتوں کو چاہئے کہ) چار مہینے دس دن اپنے تئیں
وَّعَشْرًا ۚ فَاِذَا بَلَغْنَ اَجَلَهُنَّ فَلَا جُنَاحَ
روکے رکھیں، پھر جب اپنی (عدت کی) مدت پوری کر لیں تو جائز طور پر
عَلَيْكُمْ فِيْمَا فَعَلْنَ فِيْٓ اَنْفُسِهِنَّ
جو کچھ اپنے حق میں کریں اس کا تم (وارثانِ میت) پر کچھ الزام نہیں اور
بِالْمَعْرُوْفِ ۭ وَاللّٰهُ بِمَا تَعْمَلُوْنَ خَبِيْرٌ ○ البقرۃ ۲۳۴
تم لوگ جو کچھ (بھی) کرتے ہو اللہ کو اس کی خبر ہے

Is marriage with a widow allowed before the 'Iddat has expired

هَلْ يَجُوْزُ النِّكَاحُ فِي الْعِدَّةِ

کیا میعادِ عدت ختم ہونے سے پہلے نکاح جائز ہے

And consummate not the marriage until (the prescribed) term expires: Know that Allah knoweth what is in your minds, so be-

وَلَا تَعْزِمُوْا عُقْدَةَ النِّكَاحِ حَتّٰى يَبْلُغَ
اور جب تک میعادِ مقررہ (یعنی عدت) اختتام کو نہ پہنچ لے عقد نکاح کی بات
الْكِتٰبُ اَجَلَهٗ ۭ وَاعْلَمُوْٓا اَنَّ اللّٰهَ يَعْلَمُ مَا فِيْٓ
پکی نہ کر بیٹھنا، اور جانے رہو کہ جو کچھ تمہارے جی میں ہے اللہ اس کو جانتا ہے

ware of Him, and know that Allah is Forgiving, Clement.

أَنفُسِكُمْ فَاحْذَرُوهُ ۚ وَاعْلَمُوا أَنَّ اللَّهَ غَفُورٌ حَلِيمٌ ۝ البقرة ۲۳۵

تو اس سے ڈرتے رہو اور (یہ بھی) جانتے رہو کہ اللہ بخشنے والا بردبار ہے

How should the period of 'Iddat be calculated

كَيْفَ إِحْصَاءُ الْعِدَّةِ

عدّت کی میعاد کب سے شروع کرنی چاہیے

O Propet! When ye (men) put away women, put them away for their (legal) period and reckon the period (carefully), and fear Allah, Your Lord.

يَا أَيُّهَا النَّبِيُّ إِذَا طَلَّقْتُمُ النِّسَاءَ فَطَلِّقُوهُنَّ

اے پیغمبر! (مسلمانوں سے کہو کہ) جب تم (اپنی) بیویوں کو طلاق دینی چاہو تو انکو انکی عدت (طہر)

لِعِدَّتِهِنَّ وَأَحْصُوا الْعِدَّةَ ۚ وَاتَّقُوا اللَّهَ رَبَّكُمْ ۚ الطلاق ۱

کے شروع میں طلاق دیدو اور (طلاق کے بعد ہی سے) عدت گننے لگو اور اللہ سے جو تمہارا پروردگار ہے ڈرو

Should the divorced woman be turned out of the husband's house during the period of 'Iddat

أَيَجُوزُ إِخْرَاجُ الْمُطَلَّقَةِ مِنْ بَيْتِ زَوْجِهَا فِي الْعِدَّةِ

کیا دورانِ عدت میں عورت کو اپنے گھر سے رخصت کر دینا چاہیے

Expel them not from their houses nor let them go forth unless they commit open immorality. Such are the limits (imposed by) Allah; and whoso transgresseth Allah's limits, he verily wrongeth his soul. Thou knowest not: it may be that Allah will after ward bring something new to pass.

لَا تُخْرِجُوهُنَّ مِنْ بُيُوتِهِنَّ وَلَا يَخْرُجْنَ

(عدت میں) انکو انکے گھروں سے نہ نکالو اور وہ (خود بھی) نہ نکلیں مگر یہ کہ کھلم کھلا

إِلَّا أَنْ يَأْتِينَ بِفَاحِشَةٍ مُبَيِّنَةٍ ۚ وَ

(کوئی) بیحیائی (کا کام) کر بیٹھیں (تو ان کو نکال دینے کا مضائقہ نہیں) اور یہ

تِلْكَ حُدُودُ اللَّهِ ۚ وَمَنْ يَتَعَدَّ حُدُودَ

اللہ کی (باندھی ہوئی) حدیں ہیں جس شخص نے اللہ کی (باندھی ہوئی) حدوں

اللَّهِ فَقَدْ ظَلَمَ نَفْسَهُ ۚ لَا تَدْرِي لَعَلَّ

سے باہر قدم رکھا تو اس نے (آپ ہی) اپنے اوپر ظلم کیا، اے شخص (جو بیوی کو

اللَّهَ يُحْدِثُ بَعْدَ ذَٰلِكَ أَمْرًا ۝ الطلاق ۱

طلاق دیتا ہے) تو نہیں جانتا شاید اللہ اس (طلاق) کے بعد (ملاپ کی) کوئی صورت پیدا کر دے

What to do when the 'Iddat is completed

Then, when they have reached their term, take them back in kindness or part with them in kindness, and call to witness two just men among you, and keep your testimony upright for Allah. Whoso believeth in Allah and the Last Day is exhorted to act thus. And whosoever keepeth his duty to Allah, He will appoint a way out for him, and will provide for him from (a quarter) whence he hath no expectation. And whosoever putteth his trust in Allah, He will suffic him. Surely Allah bringeth His command to pass. Allah hath set a measure for all things.

مَا لِلْمُطَلَّقَةِ اِذَا بَلَغَتْ اَجَلَهَا مِنَ الْعِدَّةِ

عورت عدت پوری کرنے پر آئے تو کیا سلوک کرنا چاہئے

فَاِذَا بَلَغْنَ اَجَلَهُنَّ فَاَمْسِكُوْهُنَّ

پھر جب عورتیں اپنی عدت پوری کرنے پر آئیں تو (رجوع کر کے) سیدھی طرح

بِمَعْرُوْفٍ اَوْ فَارِقُوْهُنَّ بِمَعْرُوْفٍ وَّ

ان کو اپنی زوجیت میں رکھے رہو یا سیدھی طرح ان کو رخصت کر دو اور (جو کچھ بھی

اَشْهِدُوْا ذَوَيْ عَدْلٍ مِّنْكُمْ وَاَقِيْمُوا

کرو) اپنے لوگوں میں دو معتبر (آدمیوں) کو گواہ کر لو اور (گواہو) گواہی کی ضرورت

الشَّهَادَةَ لِلّٰهِ ۭ ذٰلِكُمْ يُوْعَظُ بِهٖ مَنْ كَانَ

آپڑے تو) اللہ کا پاس کر کے ٹھیک ٹھیک گواہی دینا، یہ نصیحت کی باتیں

يُؤْمِنُ بِاللّٰهِ وَالْيَوْمِ الْاٰخِرِ ۥ وَمَنْ يَّتَّقِ

اُن لوگوں کو سمجھائی جاتی ہیں جن کو اللہ اور آخرت کا یقین ہے اور جو شخص

اللّٰهَ يَجْعَلْ لَّهٗ مَخْرَجًا ۙ وَّيَرْزُقْهُ مِنْ

خدا سے ڈرتا رہے گا خدا اسکے لئے (آپس کے لڑائی جھگڑے سے) نجات کی شکل

حَيْثُ لَا يَحْتَسِبُ ۭ وَمَنْ يَّتَوَكَّلْ عَلَى

نکال دیگا اور اس کو وہاں سے رزق پہنچائیگا جدھر سے اس کو (وہم و) گمان (بھی)

اللّٰهِ فَهُوَ حَسْبُهٗ ۭ اِنَّ اللّٰهَ بَالِغُ اَمْرِهٖ ۭ

نہ تھا اور جو شخص اللہ پر بھروسہ رکھے گا تو خدا اس (کی مشکلات حل کرنے) کو کافی ہے

قَدْ جَعَلَ اللّٰهُ لِكُلِّ شَيْءٍ قَدْرًا ۝ الطلاق

بیشک جو خدا کو منظور ہوتا ہے وہ اسکو پورا کر کے رہتا ہے اور اللہ نے تو ہر چیز کا ایک اندازہ ٹھہرا رکھا ہے

How will the 'Iddat for old women be calculated

And for such of your women as despair of menstruation, if ye are in doubt, their period (of waiting) shall be three months, along with those who have it not. And as for those with child their period shall be till they bring forth their burden. And whosoever keepeth his duty to Allah, He maketh his course easy for him.

كَيْفَ تُحْصٰى عِدَّةُ الْاٰئِسَةِ مِنَ الْمَحِيْضِ

بوڑھی عورت کی میعاد عدت کیسے شمار کی جائے گی ؟

وَالّٰٓـِٔيْ يَىِٕسْنَ مِنَ الْمَحِيْضِ مِنْ نِّسَآئِكُمْ

اور (مسلمانو!) تمہاری (مطلقہ) بیویوں میں سے جن کو (پیرانہ سالی کی وجہ سے) حیض کے

اِنِ ارْتَبْتُمْ فَعِدَّتُهُنَّ ثَلٰثَةُ اَشْهُرٍ وَّالّٰٓـِٔيْ

آنے کی امید نہیں رہی اگر تم کو شبہ ہو تو ان کی عدت (حیض سے نہیں بلکہ دنوں کے حساب

لَمْ يَحِضْنَ ۭ وَاُولَاتُ الْاَحْمَالِ اَجَلُهُنَّ اَنْ

سے) تین مہینے اور (علیٰ ہذا القیاس) جن عورتوں کو حیض آنے کی نوبت نہیں آئی

يَّضَعْنَ حَمْلَهُنَّ ۭ وَمَنْ يَّتَّقِ اللّٰهَ يَجْعَلْ

(یہی تین مہینے ان کی عدت ہے) اور جو حاملہ ہوں (سو) انکی عدت اُن کے

لَّهٗ مِنْ اَمْرِهٖ يُسْرًا ۝

بچہ جننے تک، اور جو اللہ سے ڈرتا رہے گا خدا اُس کا کام آسان کر دیگا

الطلاق ٤

Where to keep divorced women during their 'Iddat, how to treat them and what to do if they are pregnant

Lodge them where ye dwell, according to your wealth, and harass them not so as to straiten life for them. And if they are with child, then spend for them till they bring forth their burden. Then, if they give suck for you, give them their due payment, and consult together in a just manner; but if ye make difficulties for one another, then let some other woman give suck for him.

مَا لِلْمُطَلَّقَاتِ الْمُعْتَدَّاتِ فِي السُّكْنٰى

مطلقہ عورتوں کو عدت کے زمانہ میں کہاں رکھنا اور

وَالْمُعَاشَرَةِ وَمَا لَهُنَّ اِذَا كُنَّ حَامِلَاتٍ

ان سے کیسا سلوک کرنا چاہیئے اگر وہ حاملہ ہوں تو کیا کرنا چاہیئے

اَسْكِنُوْهُنَّ مِنْ حَيْثُ سَكَنْتُمْ مِّنْ

مطلقہ عورتوں کو (عدت کے لئے) اپنے مقدور کے مطابق وہیں رکھو جہاں تم خود

وُجْدِكُمْ وَلَا تُضَآرُّوْهُنَّ لِتُضَيِّقُوْا عَلَيْهِنَّ

رہو اور نیز اُن پر سختی کرنے کے لئے ان کو ایذار نہ دو

وَاِنْ كُنَّ اُولَاتِ حَمْلٍ فَاَنْفِقُوْا عَلَيْهِنَّ

اور اگر حاملہ ہوں تو بچہ جننے تک ان کا خرچ اُٹھائے رکھو ،

حَتّٰى يَضَعْنَ حَمْلَهُنَّ فَاِنْ اَرْضَعْنَ لَكُمْ

پھر (بچہ جننے پیچھے) اگر وہ (بچے کو) تمہارے لئے دُودھ پلائیں تو اُن کو

فَاٰتُوْهُنَّ اُجُوْرَهُنَّ وَاْتَمِرُوْا بَيْنَكُمْ

اُن کی دُودھ پلائی دو اور آپس کی صلاح سے دستور کے

بِمَعْرُوْفٍ وَاِنْ تَعَاسَرْتُمْ فَسَتُرْضِعُ

مطابق (اجرت وغیرہ) ٹھہرالو، اور اگر آپس میں کشمکش کروگے تو (مرد کو) کوئی اور

لَهٗ اُخْرٰى ۝ پ۲۸ الطلاق

عورت (میسر آجائیگی اور وہ) اسکے لئے (بچے کو) دُودھ پلادیگی

Compensation for nursing

ما ينفق على المرضعة

دُودھ پلائی کا معاوضہ عورت کو کس قدر دینا چاہیئے

Let him who hath abundance spend of his substance, and he for whom provision is measured, let him spend of that which Allah hath given him. Allah asketh naught of any soul save that which He hath given it. Allah will vouchsafe, after hardship, ease.

لِيُنفِقْ ذُو سَعَةٍ مِّن سَعَتِهِ ۖ وَمَن قُدِرَ

جس کو گنجائش ہو اس کو چاہیئے کہ وہ اپنی گنجائش کے قدر خرچ کرے اور جسکی

عَلَيْهِ رِزْقُهُ فَلْيُنفِقْ مِمَّا آتَاهُ اللَّهُ ۚ

آمدنی تُلی ہو وہ جتنا خدا نے اُس کو دیا ہے اسی کے مطابق خرچ کرے

لَا يُكَلِّفُ اللَّهُ نَفْسًا إِلَّا مَا آتَاهَا ۚ سَيَجْعَلُ

اور خدا نے جتنا جس کو دے رکھا ہے اُس سے بڑھ کر کسی کو تکلیف دینی

اللَّهُ بَعْدَ عُسْرٍ يُسْرًا ۝

الطلاق

نہیں چاہتا (گھبرانے کی بات نہیں) خدا تنگی کے بعد جلد فراغت بھی دیگا

MAHR

الفريضة

مہر

The right of woman who has not been touched and for whom no Mahr is fixed

ما للنساء اللاتي طلقن قبل مسهن و فرض الفريضة لهن

جن عورتوں کو ہاتھ نہ لگایا گیا ہو اور اُن سے مہر نہ ٹھیرایا گیا ہو طلاق ہو جائے تو اُنکا کیا حق ہے

It is no sin for you if ye divorce women while yet ye have not touched them, nor appointed unto them a portion. And provide for them, the rich according to his means and the straitened according

لَّا جُنَاحَ عَلَيْكُمْ إِن طَلَّقْتُمُ النِّسَاءَ مَا لَمْ

اگر تم نے عورتوں کو ہاتھ نہ لگایا ہو اور نہ اُن کا مہر ٹھہرایا ہو اور اس سے پہلے

تَمَسُّوهُنَّ أَوْ تَفْرِضُوا لَهُنَّ فَرِيضَةً ۚ وَ

ان کو طلاق دے دو تو اس میں تم پر کچھ گناہ نہیں، ہاں ایسی عورتوں کے ساتھ

مَتِّعُوهُنَّ عَلَى الْمُوسِعِ قَدَرُهُ وَعَلَى

سلوک کرو مقدور والے پر اپنی حیثیت کے قدر سلوک کرنا لازم ہے اور

الْمُقْتِرِ قَدَرُهُ ۚ مَتَاعًا بِالْمَعْرُوفِ ۚ حَقًّا

بے مقدور پر اپنی حیثیت کے قدر (اور) سلوک (جو کچھ بھی ہو) دستور کے مطابق حق کا

عَلَى الْمُحْسِنِينَ ۝

شیوہ احسان کرنے کا ہے ان پر (ایسی عورتوں کا یہ بھی) ایک طرح کا حق ہے

to his means, a fair provision. (This is) A bounden duty for those who do good.

متى يجب نصف الفريضة

نصف مہر کس حالت میں واجب ہے

The amount of Mahr to be paid before the man has touched the woman and the Mahr is fixed

وَإِنْ طَلَّقْتُمُوهُنَّ مِنْ قَبْلِ أَنْ تَمَسُّوهُنَّ

اور اگر ہاتھ لگانے سے پہلے عورتوں کو طلاق دیدو اور ان کا مہر ٹھیرا چکے ہو تو جو کچھ

وَقَدْ فَرَضْتُمْ لَهُنَّ فَرِيضَةً فَنِصْفُ

تم نے ٹھیرایا تھا اس کا آدھا (دینا آئے گا) مگر یہ کہ عورتیں چھوڑ بیٹھیں یا (مرد)

مَا فَرَضْتُمْ إِلَّا أَنْ يَعْفُونَ أَوْ يَعْفُوَ الَّذِي

جس کے ہاتھ میں عقد نکاح کا (جوڑے رکھنا یا توڑ دینا) ہے (اپنا حق) چھوڑ دے

بِيَدِهِ عُقْدَةُ النِّكَاحِ ۚ وَأَنْ تَعْفُوا أَقْرَبُ

(یعنی مہر پورا دینے پر راضی ہو) اور (اپنا حق چھوڑ دو تو یہ پرہیزگاری سے زیادہ

لِلتَّقْوَىٰ ۚ وَلَا تَنْسَوُا الْفَضْلَ بَيْنَكُمْ ۚ

قریب ہے اور آپس کی بڑائی کو مت بھولو

إِنَّ اللَّهَ بِمَا تَعْمَلُونَ بَصِيرٌ ۝

جو کچھ بھی تم کرتے ہو اللہ اس کو دیکھ رہا ہے

And if ye divorce them before ye have touched them and ye have appointed unto them a portion, then pay half of that which ye appointed, unless they (the women) agree to forego it, or he agreeth to forego it in whose hand is the marriage tie. And if ye (the men) forego (your rights) it is nearer piety; and forget not kindness among yourselves; surely Allah is Seer of what ye do.

Payment of full Mahr

كَيْفَ تُدْفَعُ الصَّدُقَاتُ إِلَى النِّسَاءِ

پورا مہر کس طرح ادا کرنا چاہیئے

And give unto the women (whom ye marry) free gift of their marirage portions; but if they, of their own accord, remit unto you a part thereof, then ye are welcome to devour it as ye please.

وَاٰتُوا النِّسَآءَ صَدُقٰتِهِنَّ نِحْلَةً ۭ فَاِنْ

اور عورتوں کو اُن کے مہر خوشدلی کے ساتھ دے ڈالو پھر اگر وہ (عورتیں) خوشدلی

طِبْنَ لَكُمْ عَنْ شَيْءٍ مِّنْهُ نَفْسًا فَكُلُوْهُ

کے ساتھ اس میں سے کچھ تم کو چھوڑ دیں تو اس کو رچتا پچتا سمجھ کر

هَنِيْٓــًٔا مَّرِيْٓــًٔا ○

(مزے سے) کھاؤ (پیو)

What is Zihar and what is the penalty therefor

مَا هُوَ الظِّهَارُ وَمَا كَفَّارَتُهٗ

ظہار کیا ہے اور اس کا کفارہ کیا ہے

Such of you as put away your wives (by saying they are as mothers to them) they are not their mothers; none are their mothers except those who gave them birth — they indeed utter an evil word and a lie. And surely Allah is Pardoning, Forgiving. And those who put away their wives (by saying that they are as their mothers) and afterward go back

اَلَّذِيْنَ يُظٰهِرُوْنَ مِنْكُمْ مِّنْ نِّسَآئِهِمْ

(مسلمانو!) جو لوگ تم میں سے اپنی بیویوں کے ساتھ ظہار کر بیٹھیں وہ (کچھ)

مَّا هُنَّ اُمَّهٰتِهِمْ ۭ اِنْ اُمَّهٰتُهُمْ اِلَّا الّٰٓـئِيْ

اُن کی مائیں (تو ہیں) نہیں ان کی مائیں تو وہی ہیں جنہوں نے اُن کو

وَلَدْنَهُمْ ۭ وَاِنَّهُمْ لَيَقُوْلُوْنَ مُنْكَرًا مِّنَ

جنا ہے (مگر ہاں بیوی کو ماں کہہ بیٹھنے سے) انہوں نے ایک بیہودہ

الْقَوْلِ وَزُوْرًا ۭ وَاِنَّ اللّٰهَ لَعَفُوٌّ غَفُوْرٌ ○

اور جھوٹی بات کہی، اور بیشک اللہ معاف کرنے والا (اور) بخشنے والا ہے

وَالَّذِيْنَ يُظٰهِرُوْنَ مِنْ نِّسَآئِهِمْ ثُمَّ

اور جو لوگ اپنی بیویوں سے ظہار کرتے ہیں پھر لوٹ کر

on that which they have said, (the penalty) in that case (is) the freeing of a slave before they touch one another. Unto this ye are exhorted, and Allah is Informed of what ye do. And he who findeth not (the wherewithal), let him fast for three successive months before they touch one another; and for him who is unable to do so (the penance is) the feeding of sixty needy ones. That (is enjoined) because ye believe in Allah and His messenger; and these are the limits (set by) Allah; and for the disbelievers is (in store) a grievous chastisement.

يَعُودُونَ لِمَا قَالُوا فَتَحْرِيرُ رَقَبَةٍ مِّن
وہی کام کرنا چاہتے جس کو کہہ چکے ہیں (کہ نہیں کرینگے) تو ایک دوسرے کو ہاتھ
قَبْلِ أَن يَتَمَاسَّا ۚ ذَٰلِكُمْ تُوعَظُونَ بِهِ ۚ
لگانے سے پہلے (مرد کو) ایک بردہ آزاد کرانا چاہئے (مسلمانو!) تم کو نصیحت کی
وَاللَّهُ بِمَا تَعْمَلُونَ خَبِيرٌ ۝ فَمَن لَّمْ يَجِدْ
جاتی ہے (تاکہ اس پرکاربند رہو) اور جو کچھ بھی تم کرتے ہو اللہ کو اسکی سب خبر ہے پھر جس کو
فَصِيَامُ شَهْرَيْنِ مُتَتَابِعَيْنِ مِن قَبْلِ
(بردہ) میسر نہ ہو تو ایک دوسرے کو ہاتھ لگانے سے پہلے (مرد) لگاتار
أَن يَتَمَاسَّا ۖ فَمَن لَّمْ يَسْتَطِعْ فَإِطْعَامُ
دو مہینے روزے رکھے، اور جس سے نہ ہو سکیں تو ساٹھ مسکینوں کو
سِتِّينَ مِسْكِينًا ۚ ذَٰلِكَ لِتُؤْمِنُوا بِاللَّهِ
کھانا کھلادے یہ (حکم) اس لئے (دیا جاتا) ہے کہ تم لوگ اللہ
وَرَسُولِهِ ۚ وَتِلْكَ حُدُودُ اللَّهِ ۗ وَ
اور اس کے رسول پر (پورا پورا) ایمان لاؤ، اور یہ اللہ کی (باندھی ہوئی)
لِلْكَافِرِينَ عَذَابٌ أَلِيمٌ ۝
حدیں ہیں، اور جو منکر ہیں اُن کو عذاب دردناک ہونا ہے

CHAPTER VIII

اَلْبَابُ الثَّامِنُ

آٹھواں باب

The extent of purdah

مَا لِلْمُسْلِمِيْنَ فِي الْحِجَابِ

مسلمانوں میں پردہ کس حد تک ہونا چاہیئے

How to enter other people's houses

كَيْفَ يَدْخُلُوْنَ بُيُوْتًا غَيْرَ بُيُوْتِهِمْ

دوسرے گھروں میں کیسے جانا چاہیئے

1. O ye who believe! Enter not the houses other than your own without first announcing your presence and invoking peace upon the folk thereof. That is better for you, that ye may be heedful.

١- يٰٓاَيُّهَا الَّذِيْنَ اٰمَنُوْا لَا تَدْخُلُوْا بُيُوْتًا غَيْرَ

مسلمانو! اپنے گھروں کے سوا (دوسرے) گھروں میں گھر والوں سے پوچھے

بُيُوْتِكُمْ حَتّٰى تَسْتَاْنِسُوْا وَتُسَلِّمُوْا عَلٰٓى اَهْلِهَا ط

اور اُن سے سلام علیکم کئے بدون نہ جایا کرو ، یہ تمہارے حق میں

ذٰلِكُمْ خَيْرٌ لَّكُمْ لَعَلَّكُمْ تَذَكَّرُوْنَ ○

بہتر ہے (یہ حکم تم کو اس غرض سے دیا گیا ہے) کہ (جب ایسا موقع ہو تو تم (اس کا) خیال رکھو

2. And if ye find no one therein, still enter not until permission hath been given unto you. And if it be said unto you: "Go back", then you do go away, for it is purer for

٢- فَاِنْ لَّمْ تَجِدُوْا فِيْهَآ اَحَدًا فَلَا تَدْخُلُوْهَا

پھر اگر تم کو معلوم ہو کہ گھر میں کوئی آدمی موجود نہیں تو جب تک تمہیں (خاص) اجازت

حَتّٰى يُؤْذَنَ لَكُمْ ج وَاِنْ قِيْلَ لَكُمُ ارْجِعُوْا

نہ ہو ان میں نہ جاؤ اور اگر (گھر میں کوئی ہو اور) تم سے کہا جائے کہ

فَارْجِعُوْا هُوَ اَزْكٰى لَكُمْ ط وَاللّٰهُ بِمَا

(اس وقت موقع نہیں) لوٹ جاؤ تو (بے تامل) لوٹ آؤ یہ (لوٹ آنا) تمہارے لئے

you. And Allah knoweth what ye do.

Purdah

1. Tell the believing men to lower their gaze and be modest. That is purer for them. Surely Allah is Aware of what they do.

2. And tell the believing women to lower their gaze and be modest and not to display their adornment except that which is apparent (of necessity), and to draw their veils over their bosoms, and not to reveal their adornment save to their (own) husbands or fathers or husband's fathers, or their sons, or their hus-

تَعْمَلُوْنَ عَلِيْمٌ ۝

زیادہ صفائی (کی بات) ہے تم جو کچھ (بھی) کرتے ہو اللہ اس کو جانتا ہے

اَلْحِجَابُ

پردہ

١- قُلْ لِّلْمُؤْمِنِيْنَ يَغُضُّوْا مِنْ اَبْصَارِهِمْ

(اے پیغمبر!) مسلمانوں سے کہو کہ اپنی نظریں نیچی رکھیں اور اپنی

وَيَحْفَظُوْا فُرُوْجَهُمْ ۭ ذٰلِكَ اَزْكٰى لَهُمْ ۭ

شرمگاہوں کی حفاظت کریں اس میں اُن کی زیادہ صفائی ہے

اِنَّ اللّٰهَ خَبِيْرٌۢ بِمَا يَصْنَعُوْنَ ۝

(لوگ) جو کچھ کیا کرتے ہیں اللہ کو (سب) خبر ہے

٢- وَقُلْ لِّلْمُؤْمِنٰتِ يَغْضُضْنَ مِنْ اَبْصَارِهِنَّ

اور (اے پیغمبر!) مسلمان عورتوں سے کہو کہ (وہ بھی) اپنی نظریں نیچی رکھیں

وَيَحْفَظْنَ فُرُوْجَهُنَّ وَلَا يُبْدِيْنَ زِيْنَتَهُنَّ

اور اپنی شرمگاہوں کی حفاظت کریں اور (اپنی زینت (کے مقامات) ظاہر نہ ہونے دیں

اِلَّا مَا ظَهَرَ مِنْهَا وَلْيَضْرِبْنَ بِخُمُرِهِنَّ عَلٰى

مگر جو اس میں سے (چار و ناچار) کھلا رہتا ہی ہو (تو اس کا ظاہر ہونے دینا مضائقہ کی بات

جُيُوْبِهِنَّ ۠ وَلَا يُبْدِيْنَ زِيْنَتَهُنَّ اِلَّا

نہیں) اور اپنے سینوں پر دوپٹوں کی بکل مارے رکھیں اور اپنی زینت (کے مقامات) کو کسی

لِبُعُوْلَتِهِنَّ اَوْ اٰبَآئِهِنَّ اَوْ اٰبَآءِ بُعُوْلَتِهِنَّ

پر ظاہر نہ ہونے دیں مگر اپنے شوہروں پر یا اپنے باپ پر یا اپنے خاوند کے باپ پر

band's sons, or their brothers, or their brothers' sons, or their sisters' sons, or their own women, or their slaves, or male attendants who lack vigour, or children who know naught of women's nakedness.

أَوْ أَبْنَآئِهِنَّ أَوْ أَبْنَآءِ بُعُولَتِهِنَّ أَوْ إِخْوَانِهِنَّ

یا اپنے بیٹوں پر یا اپنے شوہروں کے بیٹوں پر یا اپنے بھائیوں پر

أَوْ بَنِيٓ إِخْوَانِهِنَّ أَوْ بَنِيٓ أَخَوَاتِهِنَّ أَوْ

یا اپنے بھتیجوں پر یا اپنے بھانجوں پر یا اپنی

نِسَآئِهِنَّ أَوْ مَا مَلَكَتْ أَيْمَانُهُنَّ

(یعنی اپنی میل کی عورتوں پر یا اپنے ہاتھ کے مال (یعنی لونڈی غلاموں) پر

أَوِ التّٰبِعِينَ غَيْرِ أُولِي الْإِرْبَةِ مِنَ

یا (گھر کے پلے ہوئے ایسے) خدمتیوں پر کہ مرد تو ہیں مگر (عورتوں سے) کچھ غرض (اور) مطلب

الرِّجَالِ أَوِ الطِّفْلِ الَّذِينَ لَمْ يَظْهَرُوا

نہیں رکھتے ہیں (جیسے خواجہ سرا یا بڈھے کھوس) یا لڑکوں پر جو عورتوں کے

عَلٰى عَوْرٰتِ النِّسَآءِ

پردہ کی بات سے آگاہ نہیں

Gracefulness in walking

مَا يَنْبَغِي لِلْمَرْأَةِ إِذَا مَشَتْ

عورت کو چلتے وقت کس بات کا لحاظ رکھنا چاہیے

And let them not stamp their feet (in walking) so as to reveal what they hide of their adornment, and turn unto Allah together, O believers! in order that ye may succeed.

وَلَا يَضْرِبْنَ بِأَرْجُلِهِنَّ لِيُعْلَمَ مَا يُخْفِينَ

اور (چلنے میں) اپنے پاؤں ایسے زور سے نہ رکھیں کہ (لوگوں کو) اس کے اندرونی

مِنْ زِينَتِهِنَّ وَتُوبُوٓا إِلَى اللّٰهِ جَمِيعًا أَيُّهَ

زیور کی خبر ہو اور مسلمانو! تم سب اللہ کی جناب میں توبہ

الْمُؤْمِنُونَ لَعَلَّكُمْ تُفْلِحُونَ

کرو، تاکہ تم (آخر کار) فلاح پاؤ

What are the times of Privacy and when permission should be sought to enter into private apartments

O ye who believe! let your slaves, and those of you who have not come to puberty, ask leave of you at three times (before they come in your presence): before the early morning prayer, and when ye lay aside your remaint for the heat of noon, and after the night prayer — three times of privacy for you. It is no sin for them or for you at other times when some of you go about attendant upon others (if they come into your presence without leave). Thus doth Allah make clear the revela-

مَا هِيَ الْعَوْرَاتُ لِلْمُسْلِمِيْنَ وَمَتٰى يَجِبُ الْاِسْتِيْذَانُ (عَلَى الْمَوَالِيْ وَالْاَطْفَالِ)

پردے کے اوقات کون کون سے ہیں اور کس کس وقت اجازت مانگ کر کسی کے پاس اندر جانا چاہیے

يٰۤاَيُّهَا الَّذِيْنَ اٰمَنُوْا لِيَسْتَاْذِنْكُمُ الَّذِيْنَ
مسلمانو! تمہارے ہاتھ کے مال (یعنی لونڈی غلام) اور تم میں سے جو حد بلوغ
مَلَكَتْ اَيْمَانُكُمْ وَالَّذِيْنَ لَمْ يَبْلُغُوا
کو نہیں پہنچے تین وقتوں میں (تمہارے پاس آنے کی) تم سے اجازت
الْحُلُمَ مِنْكُمْ ثَلٰثَ مَرّٰتٍ ؕ مِنْ قَبْلِ
لیا کریں (ایک تو) نماز صبح سے پہلے اور (دوسرے) جب تم دوپہر کو
صَلٰوةِ الْفَجْرِ وَحِيْنَ تَضَعُوْنَ ثِيَابَكُمْ
(سونے کے لئے معمول کے مطابق) کپڑے اُتار دیا کرتے ہو، اور
مِّنَ الظَّهِيْرَةِ وَمِنْۢ بَعْدِ صَلٰوةِ الْعِشَآءِ ؕ
(تیسرے) نماز عشاء کے بعد، یہ تین وقت تمہارے پردے کے ہیں ان
ثَلٰثُ عَوْرٰتٍ لَّكُمْ ؕ لَيْسَ عَلَيْكُمْ
(اوقات) کے سوا نہ تو (بے اذن آنے دینے میں) تم پر کچھ گناہ اور نہ (بے اذن چلے
وَلَا عَلَيْهِمْ جُنَاحٌۢ بَعْدَهُنَّ ؕ طَوّٰفُوْنَ
آنے میں) اُن پر کچھ گناہ کیونکہ (وہ) اکثر تمہارے پاس آتے جاتے رہتے ہیں
عَلَيْكُمْ بَعْضُكُمْ عَلٰى بَعْضٍ ؕ
(اور تم ہیں سے بعض کو (یعنی لونڈی غلاموں کو) بعض کے (یعنی تمہارے) پاس

tions for you. And Allah is Knower, Wise.

كَذٰلِكَ يُبَيِّنُ اللّٰهُ لَكُمُ الْاٰيٰتِ ۭ وَاللّٰهُ

(آنے جانے کی ضرورت لگی رہتی ہے تو بار بار اذن مانگنے میں بڑی تکلیف ہوگی یوں

عَلِيْمٌ حَكِيْمٌ ۝

اللہ (اپنے) احکام تم سے (کھول کھول کر) بیان کرتا ہے اور اللہ جاننے والا حکمت والا ہے

The boys, when grown up, should also ask for permission

أيجبُ الاستيذانُ على الاطفالِ اذا بلغوا الحلمَ

لڑکا جب بالغ ہو تو اس کو اجازت لینی چاہیئے یا نہیں؟

And when the children among you come to puberty then let them ask leave even as those before them used to ask for it. Thus doth Allah make clear His revelations for you. And Allah is Knower, Wise.

وَاِذَا بَلَغَ الْاَطْفَالُ مِنْكُمُ الْحُلُمَ

اور (مسلمانو!) جب تمہارے لڑکے (حدِ) بلوغ کو پہنچیں تو جس طرح ان سے اگلے

فَلْيَسْتَاْذِنُوْا كَمَا اسْتَاْذَنَ الَّذِيْنَ

(یعنی ان سے بڑی عمر کے گھروں میں آنے کیلئے) اذن مانگا کرتے ہیں اسی طرح

مِنْ قَبْلِهِمْ ۭ كَذٰلِكَ يُبَيِّنُ اللّٰهُ لَكُمْ

ان کو بھی اذن مانگنا چاہیئے، یوں اللہ اپنے احکام تم سے (کھول کھول کر) بیان

اٰيٰتِهٖ ۭ وَاللّٰهُ عَلِيْمٌ حَكِيْمٌ ۝

کرتا ہے، اور اللہ جاننے والا حکمت والا ہے

Relaxation in the case of old women

لِمَنْ يَجُوْزُ اَنْ تَضَعَ الْخُمُرَ

کونسی عورتیں دوپٹہ وغیرہ اتار کر رہ سکتی ہیں

As for women past child-bearing age, who have no hope of marriage, it is no sin for them if they discard their (outer)

وَالْقَوَاعِدُ مِنَ النِّسَاۗءِ الّٰتِيْ لَا يَرْجُوْنَ

اور بڑی بوڑھی عورتیں جن کو نکاح کی اُمید (باقی) نہیں رہی (اگر اپنے

نِكَاحًا فَلَيْسَ عَلَيْهِنَّ جُنَاحٌ اَنْ يَّضَعْنَ

کپڑے (دوپٹہ) اُتار رکھا کریں تو اس میں اُن پر کچھ گناہ نہیں بشرطیکہ ان کو

clothing in such a way as not to show (their) adornment. But to refrain is better (even) for them. Allah is Hearer, Knower.

ثِيَابَهُنَّ غَيْرَ مُتَبَرِّجٰتٍۭ بِزِيْنَةٍ ۖ وَ
(اپنا) بناؤ دکھانا (منظور) نہ ہو اور (اگر
اَنْ يَّسْتَعْفِفْنَ خَيْرٌ لَّهُنَّ ۖ وَاللّٰهُ سَمِيْعٌ
اس کی بھی) احتیاط رکھیں تو اُن کے حق میں بہتر ہے اور اللہ سب کی
عَلِيْمٌ ۝
سُنتا (اور سب کچھ) جانتا ہے

النور ۶۰

Covering the face

اَيَجِبُ اِدْنَاءُ الْجَلَابِيْبِ عَلَى النِّسَآءِ
کیا مسلمان عورتوں کو گھونگھٹ نکالنا چاہیئے

O Prophet! Tell thy wives and thy daughters and the women of the believers to draw their cloaks close round themselves (when they go abroad). That will be better, so that they may be recognised and not teased (by anybody). And Allah is ever Forgiving, Merciful.

يٰاَيُّهَا النَّبِيُّ قُلْ لِّاَزْوَاجِكَ وَبَنٰتِكَ وَ
اے پیغمبر! اپنی بیویوں سے اور اپنی بیٹیوں اور
نِسَآءِ الْمُؤْمِنِيْنَ يُدْنِيْنَ عَلَيْهِنَّ
مسلمانوں کی عورتوں سے کہہ دو کہ اپنی چادروں کے گھونگٹ
مِنْ جَلَابِيْبِهِنَّ ۖ ذٰلِكَ اَدْنٰٓى اَنْ
ڈال لیا کریں اس سے غالباً یہ (الگ)
يُّعْرَفْنَ فَلَا يُؤْذَيْنَ ۖ وَكَانَ اللّٰهُ
پہچان پڑے گی (کہ نیک بخت ہیں) اور کوئی چھیڑے گا نہیں، اور اللہ
غَفُوْرًا رَّحِيْمًا ۝
بخشنے والا مہربان ہے

الاحزاب ۵۹

Who are the transgressors

And (the faithful are) those who guard their modesty—save from their wives or the bondwomen that their right hands possess, for then they are not blameworthy. But whoso craveth beyond that, such are transgressors.

مَنْ هُمُ الْعٰدُوْنَ

حدِ فطرت سے کون لوگ بڑھ جاتے ہیں

وَالَّذِيْنَ هُمْ لِفُرُوْجِهِمْ حٰفِظُوْنَ ۝ۙ

اور جو لوگ اپنی شرمگاہوں کو بچائے رکھتے ہیں

اِلَّا عَلٰٓى اَزْوَاجِهِمْ اَوْ مَا مَلَكَتْ

مگر اپنی بیویوں اور ہاتھ کے مال پر (یعنی لونڈیوں سے) اور ان کے ساتھ معروف

اَيْمَانُهُمْ فَاِنَّهُمْ غَيْرُ مَلُوْمِيْنَ ۝ۚ

ہوتے ہیں) ان پر کچھ الزام نہیں

فَمَنِ ابْتَغٰى وَرَآءَ ذٰلِكَ فَاُولٰٓئِكَ هُمُ

ہاں جو لوگ ان کے علاوہ (اور کے) طلبگار ہوں، تو وہ لوگ (سمجھو کہ) حد

الْعٰدُوْنَ ۝ۚ

(فطرت) سے بڑھ گئے ہیں

پ ۲۹ المعارج

CHAPTER IX

How should Muslims make bequests

What are the rights of their inheritors How should Muslims make bequests and act upon them

It is prescribed for you, when one of you approacheth death, if he leave wealth, that he bequeth unto parents and near relatives in kindness. (This is) A duty for all those who ward off (evil). And whoso changeth (the will) after he hath heard it, the sin thereof is only upon those who change it. Surely Allah is Hearer, Knower. But he who feareth from a testator some unjust or sinful clause, and maketh

اَلْبَابُ التَّاسِعُ

نواں باب

اَلْمُسْلِمُوْنَ كَيْفَ يُوْصُوْنَ الْوَصِيَّةَ وَمَا حُقُوْقُ وَرَثَائِهِمْ

مسلمانوں کو وصیت کیسے کرنی چاہئے ان کے وارثوں کے حقوق کیا ہیں

مَا لِلْمُسْلِمِيْنَ فِي الْوَصِيَّةِ وَتَكْمِيْلِهَا

مسلمانوں کو وصیت اور اس کی تکمیل کیسے کرنی چاہئے

كُتِبَ عَلَيْكُمْ إِذَا حَضَرَ أَحَدَكُمُ الْمَوْتُ إِنْ

(مسلمانو!) تم کو حکم دیا جاتا ہے کہ جب تم میں سے کسی کے سامنے موت آموجود

تَرَكَ خَيْرًا ۚ الْوَصِيَّةُ لِلْوَالِدَيْنِ وَ

ہو (اور) وہ کچھ مال چھوڑنے والا ہو تو ماں باپ اور رشتہ داروں کے لئے (اچھی

الْأَقْرَبِيْنَ بِالْمَعْرُوْفِ ۚ حَقًّا عَلَى

طور پر) وصیت کر دے جو (خدا سے) ڈرتے ہیں ان پر (اپنوں کا یہ ایک) حق

الْمُتَّقِيْنَ ۞ فَمَنْ بَدَّلَهُ بَعْدَ مَا سَمِعَهُ

ہے پھر جو اس (یعنی وصیت) کے سُننے کے پیچھے اس کو کچھ بدل دے

فَإِنَّمَا إِثْمُهُ عَلَى الَّذِيْنَ يُبَدِّلُوْنَهُ ۚ إِنَّ

تو اس کا گناہ انہیں لوگوں پر ہے جو اس وصیت کو بدلیں بیشک

اللهَ سَمِيْعٌ عَلِيْمٌ ۞ فَمَنْ خَافَ مِنْ

اللہ سب کی سُنتا اور سب کچھ جانتا ہے، اور جس کو وصیت کرنے والے کی

peace betwee the parties, (it shall be) no sin for him. Lo! Allah is Forgiving, Merciful.

مُّوصٍ جَنَفًا أَوْ إِثْمًا فَأَصْلَحَ بَيْنَهُمْ

طرف سے (کسی خاص شخص کی) طرفداری یا کسی کی (حق تلفی) کا اندیشہ ہو اور وہ (دونوں)

فَلَا إِثْمَ عَلَيْهِ ۚ إِنَّ اللَّهَ غَفُورٌ رَّحِيمٌ ○

میں میل کرا دے تو (ایسی صورت میں) اس پر (وصیت بدلنے کا) کچھ گناہ نہیں بیشک اللہ بخشنے والا مہربان ہے

Who are the inheritors of the deceased's property

مَنْ يَّرِثُ مَالَ الْمَوْتٰى

میت کے مال میں کن کن کو حق پہنچتا ہے

1. Unto the men (of a family) belongeth a share of that which parents and near kindred leave, and unto the women a share of that which parents and near kindred leave, whether it be little or much — a fixed share.

١- لِلرِّجَالِ نَصِيبٌ مِّمَّا تَرَكَ الْوَالِدٰنِ

ماں باپ یا رشتہ داروں کے ترکے میں تھوڑا ہو یا بہت مردوں کا

وَالْأَقْرَبُونَ وَلِلنِّسَاءِ نَصِيبٌ مِّمَّا

حصہ ہے اور (ایسا ہی) ماں باپ یا رشتہ داروں کے

تَرَكَ الْوَالِدٰنِ وَالْأَقْرَبُونَ مِمَّا قَلَّ

ترکے میں عورتوں کا بھی حصہ ہے (اور یہ) حصہ

مِنْهُ أَوْ كَثُرَ ۚ نَصِيبًا مَّفْرُوضًا ○

ہمارا ٹھہرایا ہوا ہے

How to treat the poor if they are present at the time property is divided

مَا لِلْمَسٰكِينِ إِذَا حَضَرُوا الْقِسْمَةَ

غرباء کے ساتھ کیا برتاؤ کرنا چاہیے

1. And when (distant) kinsfolk and orphans and the needy are present at the division (of the heritage), bestow upon them (also something) there-

١- وَإِذَا حَضَرَ الْقِسْمَةَ أُولُوا الْقُرْبٰى وَ

اور جب (ترکہ کی) تقسیم کے وقت (دور کے) رشتہ دار اور یتیم بچے اور

الْيَتٰمٰى وَالْمَسٰكِينُ فَارْزُقُوهُمْ مِّنْهُ وَ

مساکین آ موجود ہوں تو اس میں سے کچھ ان کو بھی دے دیا کرو اور (ان کی خوش

from and speak kindly unto them.

2. And let those fear (in their behaviour toward orphans) who, if they left behind themselves weak offspring, would be afraid for them. So let them mind their duty to Allah, and speak justly.

قُوْلُوْا لَهُمْ قَوْلًا مَّعْرُوْفًا ○

کی قدر دیتے نہ بن پڑے تو ان کو نرمی سے سمجھا دو

٢-وَلْيَخْشَ الَّذِيْنَ لَوْ تَرَكُوْا مِنْ خَلْفِهِمْ ذُرِّيَّةً

اور (وارثانِ حقدار کو) ڈرنا چاہیئے کہ اگر وہ (خود) اپنے (مرنے) پیچھے اولاد ضعیف

ضِعٰفًا خَافُوْا عَلَيْهِمْ فَلْيَتَّقُوا اللّٰهَ وَ

چھوڑ جاتے تو ان (کے حال) پر ان کو (کیسا کچھ) ترس (نہ) آتا تو چاہیئے کہ (غربا کے

لْيَقُوْلُوْا قَوْلًا سَدِيْدًا ○

ساتھ سختی کرنے میں) اللہ سے ڈریں اور ان سے سیدھی طرح بات کریں

پ ٤ النسآء

Shares of inheritors of the deceased's Legacy

مَا هِيَ الْفُرُوْضُ فِي التَّرِكَةِ

میت کے مال میں کس کو کتنا ملنا چاہیئے

1. Allah chargeth you concerning (the provision for) your children: to the male the equivalent of the portion of two females, and if there be (only) women more than two, then theirs is two-thirds of the inheritance, and if there be one (only) then the half. And to each of his parents a sixth of the inheritance, if he have offspring; and if he have no offspring and his parets are his heirs,

١-يُوْصِيْكُمُ اللّٰهُ فِيْٓ اَوْلَادِكُمْ لِلذَّكَرِ مِثْلُ

(مسلمانو!) تمہاری اولاد کے (حصوں کے) بارے میں اللہ تم سے کہے رکھتا ہے کہ

حَظِّ الْاُنْثَيَيْنِ فَاِنْ كُنَّ نِسَآءً فَوْقَ

لڑکے کو دو لڑکیوں کے برابر حصہ (دیا کرو) پھر اگر لڑکیاں (دو یا) دو سے بڑھ کر

اثْنَتَيْنِ فَلَهُنَّ ثُلُثَا مَا تَرَكَ وَاِنْ كَانَتْ

ہوں تو ترکہ میں ان کا (حصہ) دو تہائی اور اگر اکیلی ہو

وَاحِدَةً فَلَهَا النِّصْفُ وَلِاَبَوَيْهِ لِكُلِّ

تو اس کو آدھا اور میت کے ماں باپ کو

وَاحِدٍ مِّنْهُمَا السُّدُسُ مِمَّا تَرَكَ اِنْ كَانَ

(یعنی) دونوں میں سے ہر ایک کو ترکے کا چھٹا حصہ اس صورت میں کہ میت کے

then to his mother appretaineth the third; and if he have brethern, then to his mother appretaineth the sixth, after any legacy he may have bequeathed, or debt (hath been paid). Your parents and your children: ye know not which of them is nearer unto you in usefulness. It is an injunction from Allah. Surely Allah is Knower, Wise.

لَهٗ وَلَدٌ ۚ فَاِنْ لَّمْ يَكُنْ لَّهٗ وَلَدٌ وَّوَرِثَهٗٓ

اولاد ہو اور اگر اس کے اولاد نہ ہو اور اس کے وارث

اَبَوٰهُ فَلِاُمِّهِ الثُّلُثُ ۚ فَاِنْ كَانَ لَهٗٓ اِخْوَةٌ

(صرف) ماں باپ ہوں تو اس کی ماں کا حصہ ایک تہائی (باقی باپ کا) لیکن اگر

فَلِاُمِّهِ السُّدُسُ مِنْۢ بَعْدِ وَصِيَّةٍ يُّوْصِيْ

(ماں باپ کے علاوہ میت کے (ایک سے زیادہ) بھائی (یا بہنیں) ہوں تو ماں کا چھٹا حصہ

بِهَآ اَوْ دَيْنٍ ۗ اٰبَآؤُكُمْ وَاَبْنَآؤُكُمْ

(مگر یہ حصے) میت کی وصیت (کی تعمیل) اور ادائے قرض کے بعد (دیئے جائیں گے) تم اپنے

لَا تَدْرُوْنَ اَيُّهُمْ اَقْرَبُ لَكُمْ نَفْعًا ۭ

باپ دادوں یعنی اصول اور بیٹوں (پوتوں یعنی فروع) کو نہیں جان سکتے کہ نفع رسانی کے

فَرِيْضَةً مِّنَ اللّٰهِ ۭ اِنَّ اللّٰهَ كَانَ

اعتبار سے کون تم سے زیادہ قریب ہے (پس اپنی رائے کو دخل نہ دو اور یوں سمجھو کہ

عَلِيْمًا حَكِيْمًا ۝

حصوں کا قرار اللہ کا ٹھیرایا ہوا ہے، اللہ بے شبہ سب کچھ جانتا ہے اور سب مصلحتوں سے واقف ہے

2. And unto you belongeth a half of that which your wives leave, if they have no child; but if they have a child then unto you the fourth of that which they leave, after any legacy they may have bequeathed, or debt (they may have contracted hath

۲- وَلَكُمْ نِصْفُ مَا تَرَكَ اَزْوَاجُكُمْ اِنْ لَّمْ يَكُنْ

اور جو (ترکہ) تمہاری بیویاں چھوڑ مریں اگر ان کے اولاد نہیں تو ان کے ترکہ میں

لَّهُنَّ وَلَدٌ ۚ فَاِنْ كَانَ لَهُنَّ وَلَدٌ فَلَكُمُ

تمہارا آدھا اور اگر ان کے اولاد ہے تو ان کے ترکہ میں تمہارا چوتھائی

الرُّبُعُ مِمَّا تَرَكْنَ مِنْۢ بَعْدِ وَصِيَّةٍ يُّوْصِيْنَ

(مگر) ان کی وصیت کی تعمیل اور (ادائے) قرض کے بعد

been paid). And unto them belongeth the fourth of that which ye leave if ye have no child, but if ye have a child then the eighth of that which ye leave, after any legacy ye may have bequeathed, or debt (ye may have contracted, hath been paid). And if a man or a woman have a distant heir (having left neither parent nor child), and he (or she) have a brother or a sister (only on the mother's side), then to each of them twain (the brother and the sister) the sixth, and if they be more than two, then they shall be sharers in the third, after any legacy that may have been bequeathed or (payment of the) debt (contracted), not injuring (the heirs by willing away more than a third of the heritage). (This is) A Commandment from Allah! and Allah is Knower, Indulgent.

بِهَآ اَوۡ دَيۡنٍ ؕ وَلَهُنَّ الرُّبُعُ مِمَّا تَرَكۡتُمۡ اِنۡ

اور تم جو کچھ (ترکہ) چھوڑو ۰ اور تمہارے

لَّمۡ يَكُنۡ لَّكُمۡ وَلَدٌ ۚ فَاِنۡ كَانَ لَكُمۡ وَلَدٌ

کچھ اولاد نہ ہو تو بیویوں کا (حصّہ) چوتھائی، اور اگر تمہارے اولاد ہو تو تمہارے

فَلَهُنَّ الثُّمُنُ مِمَّا تَرَكۡتُمۡ مِّنۡۢ بَعۡدِ وَصِيَّةٍ

ترکہ میں بیویوں کا آٹھواں (حصّہ اور یہ حصّے بھی) تمہاری وصیت (کی تعمیل)

تُوۡصُوۡنَ بِهَآ اَوۡ دَيۡنٍ ؕ وَاِنۡ كَانَ رَجُلٌ

اور ادائے (قرض کے بعد (دیئے جائیں) اور (کسی مرد یا عورت کی میراث

يُّوۡرَثُ كَلٰلَةً اَوِ امۡرَاَةٌ وَّلَهٗۤ اَخٌ اَوۡ اُخۡتٌ

ہو اور ان کے باپ بیٹا (یعنی اصول و فروع) نہ ہو اور (دوسری ماں سے)

فَلِكُلِّ وَاحِدٍ مِّنۡهُمَا السُّدُسُ ۚ فَاِنۡ كَانُوۡۤا

اسکے بھائی یا بہن ہو تو ان میں سے ہر ایک کا چھٹا (حصّہ) اور اگر ایک سے

اَكۡثَرَ مِنۡ ذٰلِكَ فَهُمۡ شُرَكَآءُ فِى الثُّلُثِ

زیادہ ہوں تو ایک تہائی میں (برابر کے) سب شریک (یہ حصّے بھی)

مِنۡۢ بَعۡدِ وَصِيَّةٍ يُّوۡصٰى بِهَآ اَوۡ دَيۡنٍ ۙ

میت کی وصیت کی تعمیل اور ادائے (قرض کے بعد (دیئے جائیں) بشرطیکہ

غَيۡرَ مُضَآرٍّ ۚ وَصِيَّةً مِّنَ اللّٰهِ ؕ وَاللّٰهُ

(میت نے) کسی کو نقصان نہ پہنچانا چاہا ہو (یہ) فرمانِ الٰہی ہے، اور اللہ

عَلِيۡمٌ حَلِيۡمٌ ؕ

(سب کچھ) جانتا ہے اور (لوگوں کی نافرمانیوں پر) برداشت کرتا ہے

The case of a deceased person who has neither parents nor offspring

They ask thee (O Prophet!) for a pronouncement (about the kilalah). Say: Allah hath pronounced for you concerning the kilalah. If a man die childless and he have a sister, hers is half the heritage, and he would have inherited from her had she died childless. And if there be two sisters, then theirs are two thirds of the heritage, and if they be brethern, men and women, unto the male is the equivalent of the share of two females. Allas expoundeth unto you so that ye err not. And Allah is Knower of all things.

مَنْ يَّرِثُ الْكَلٰلَةَ

ایسی میت کے ترکہ میں جس کے ماں باپ نہ ہوں
کس کو ملنا چاہیے

يَسْتَفْتُوْنَكَ ۭ قُلِ اللّٰهُ يُفْتِيْكُمْ فِي الْكَلٰلَةِ ۭ
(اے پیغمبر!) لوگ تم سے (کلالہ کے بارے میں) فتویٰ طلب کرتے ہیں (تو ان
اِنِ امْرُؤٌا هَلَكَ لَيْسَ لَهٗ وَلَدٌ وَّلَهٗٓ
لوگوں سے) کہہ دو کہ اللہ کلالہ کے بارے میں تم کو حکم دیتا ہے کہ اگر کوئی ایسا شخص
اُخْتٌ فَلَهَا نِصْفُ مَا تَرَكَ ۚ وَهُوَ يَرِثُهَآ
مر جائے جس کے اولاد نہ ہو اور (نہ ماں باپ کہ اسی کو کلالہ کہتے ہیں) اور اسکے صرف (ایک)
اِنْ لَّمْ يَكُنْ لَّهَا وَلَدٌ ۭ فَاِنْ كَانَتَا اثْنَتَيْنِ
بہن ہو تو اسکے ترکہ کا آدھا اور بہن مر جائے اور اسکے اولاد نہ ہو تو اسکے سارے مال کا
فَلَهُمَا الثُّلُثٰنِ مِمَّا تَرَكَ ۭ وَاِنْ كَانُوْٓا
وارث یہ (بھائی) پھر اگر بہنیں دو ہوں (یا زیادہ) تو انکو اسکے ترکہ میں سے دو تہائی اگر
اِخْوَةً رِّجَالًا وَّنِسَاۗءً فَلِلذَّكَرِ مِثْلُ حَظِّ
بھائی بہن (ملے جلے) ہوں (کچھ) مرد اور (کچھ) عورتیں تو دو عورتوں کے حصے کی
الْاُنْثَيَيْنِ ۭ يُبَيِّنُ اللّٰهُ لَكُمْ اَنْ تَضِلُّوْا ۭ
قدر ایک مرد کا حصہ، تم لوگوں کے بھٹکنے کے خیال سے اللہ اپنے حکم تم سے
وَاللّٰهُ بِكُلِّ شَيْءٍ عَلِيْمٌ ۝
(کھول کھول کر بیان کرتا ہے اور اللہ سب کچھ جانتا ہے

Adopted sons

Nor hath He made your wives whom ye declare (to be your mothers) your mothers, nor hath he made those whom ye have adopted you sons. This is but a saying of your mouths. But Allah sayeth the truth and He showeth the way. Proclaim their real parentage. That will be more equitable in the sight of Allah. And if ye know not their fathers, then (they are) your brethren in the faith, and your clients. And there is no sin for you in the mistakes that ye make unintentionally, but what your hearts purpose (that will be a sin for you). Allah is Forgiving, Merciful.

مَا الْعَلَاقَةُ بَيْنَ الْمُسْلِمِيْنَ وَبَيْنَ اَدْعِيَاۗىِٕهِمْ

لے پالک سے مسلمانوں کا رشتہ ہے

وَمَا جَعَلَ اَزْوَاجَكُمُ الّٰۤـِٔيْ تُظٰهِرُوْنَ

اور نہ تم لوگوں کی بیویوں کو جن سے تم ظہار کر لیتے ہو

مِنْهُنَّ اُمَّهٰتِكُمْ ۚ وَمَا جَعَلَ اَدْعِيَاۗءَكُمْ

تمہاری ماں بنایا اور نہ تمہارے لے پالکوں کو

اَبْنَاۗءَكُمْ ۭ ذٰلِكُمْ قَوْلُكُمْ بِاَفْوَاهِكُمْ ۭ وَاللّٰهُ

تمہارا بیٹا بنایا یہ تمہارے اپنے منہ کی کہن ہے، اور اللہ تو

يَقُوْلُ الْحَقَّ وَهُوَ يَهْدِي السَّبِيْلَ ۝ اُدْعُوْهُمْ

حق بات فرماتا ہے اور وہی (لوگوں کو) سیدھا رستہ دکھاتا ہے، لے پالکوں کو

لِاٰبَاۗىِٕهِمْ هُوَ اَقْسَطُ عِنْدَ اللّٰهِ ۚ فَاِنْ لَّمْ

انکے (حقیقی) باپوں (کے نام) سے پکارو کہ یہی بات اللہ کے نزدیک زیادہ قرین انصاف ہے،

تَعْلَمُوْٓا اٰبَاۗءَهُمْ فَاِخْوَانُكُمْ فِي الدِّيْنِ وَ

پس اگر تم کو انکے باپ معلوم نہ ہوں تو تمہارے اپنے بھائی ہیں دین میں اور (نیز) تمہارے

مَوَالِيْكُمْ ۭ وَلَيْسَ عَلَيْكُمْ جُنَاحٌ فِيْمَآ

دوست ہیں (تو انکے مناسب حال لفظوں سے ان کو بلایا کرو) اور تم سے اس میں بھول

اَخْطَاْتُمْ بِهٖ ۙ وَلٰكِنْ مَّا تَعَمَّدَتْ قُلُوْبُكُمْ ۭ

ہو جائے تو اس میں تم پر کچھ گناہ نہیں مگر ہاں دل سے (یہ) ارادہ کرکے ایسا کرو

وَكَانَ اللّٰهُ غَفُوْرًا رَّحِيْمًا ۝

(تو البتہ گناہ کی بات ہے) اور اللہ بخشنے والا مہربان ہے

CHAPTER X

اَلْبَابُ الْعَاشِرُ

دسواں باب

What is the punishment for theft, murder and adultery

مَاحَدُّ الْقَتْلِ وَالزِّنٰی وَالسَّرِقَةِ

کوئی مسلمان چوری، قتل و زنا کرے تو اس کو کیا سزا ملنی چاہیئے

Theft

مَاجَزَآءُ السَّارِقِ

چور کو کیا سزا دینی چاہیئے

As for the thief, both male and female, cut off their hands. It is the reward of their own deeds, an exemplary punishment from Allah. And Allah is Mighty, Wise.

وَالسَّارِقُ وَالسَّارِقَةُ فَاقْطَعُوْٓا اَيْدِيَهُمَا

اور (مسلمانو!) مرد چوری کرے تو اور عورت چوری کرے تو انکے ان کرتوتوں کے

جَزَآءًۢ بِمَا كَسَبَا نَكَالًا مِّنَ اللّٰهِ ۗ وَاللّٰهُ

بدلے میں (بلا امتیاز) دونوں کے ہاتھ کاٹ ڈالو یہ تعزیر (ان کے حق میں)

عَزِيْزٌ حَكِيْمٌ ○

خدا کی طرف سے (قرار پائی) ہے اور اللہ زبردست (اور انتظامی مصلحتوں والا) ہے

Can the thief be pardoned

تَوْبَةُ السَّارِقِ

کیا چور کو معافی دی جا سکتی ہے

1. But whoso repenteth after his wrongdoing and amendeth, surely Allah will relent toward him. Surely Allah is Forgiving, Merciful.

۱۔ فَمَنْ تَابَ مِنْۢ بَعْدِ ظُلْمِهٖ وَاَصْلَحَ فَاِنَّ

اور جو اپنے قصور کے پیچھے توبہ کرلے اور (اپنی عادت) سنوار لے تو اللہ اسکی توبہ

اللّٰهَ يَتُوْبُ عَلَيْهِ ۗ اِنَّ اللّٰهَ غَفُوْرٌ رَّحِيْمٌ ○

قبول کر لیتا ہے، کیونکہ اللہ (بندوں کے گناہ) بخشنے والا مہربان ہے

2. Knowest thou not that unto Allah belongeth the sovereighty of the heavens and the earth? He punisheth whom He will, and forgiveth whom He will. Allah is Able to do all things.

۲-اَلَمْ تَعْلَمْ اَنَّ اللّٰهَ لَهٗ مُلْكُ السَّمٰوٰتِ

(اے مخاطب! چور کی توبہ قبول ہونے پر تعجب نہ کر) کیا تجھ کو معلوم نہیں کہ آسمان

وَالْاَرْضِ ؕ يُعَذِّبُ مَنْ يَّشَآءُ وَيَغْفِرُ لِمَنْ

اور زمین میں اللہ ہی کی حکومت ہے جس کو چاہے عذاب دے اور جس کو چاہے

يَّشَآءُ ؕ وَاللّٰهُ عَلٰى كُلِّ شَىْءٍ قَدِيْرٌ ۝

معاف کر دے، اور اللہ ہر چیز پر قادر ہے

پ ۶ المآئدۃ

When is Homicide Lawful and when Unlawful

مَتٰى يَجُوْزُ قَتْلُ الْاِنْسَانِ وَمَتٰى لَا يَجُوْزُ

قتلِ انسان کس حالت میں جائز اور کس حالت میں ناجائز ہے

1. And slay not the life which Allah hath forbidden save with right. That is commanded unto you by Him so that ye may understand.

۱-وَلَا تَقْتُلُوا النَّفْسَ الَّتِىْ حَرَّمَ اللّٰهُ اِلَّا بِالْحَقِّ ؕ

اور جان جس (کے مارنے) کو اللہ نے حرام کر دیا ہے (اس کو) مار نہ ڈالنا مگر

ذٰلِكُمْ وَصّٰكُمْ بِهٖ لَعَلَّكُمْ تَعْقِلُوْنَ ۝

حق پر، یہ (وہ باتیں) ہیں جن کا حکم تم کو (خدا نے) دیا ہے تاکہ تم (دنیا میں رہنے کا طریقہ) سمجھو

پ ۸ الانعام

2. And slay not the life which Allah hath forbidden save with right. Whoso is slain wrongfully, We have given authority unto his heir, but let him not commit excess in slaying (in revenge). Surely he will be helped.

۲-وَلَا تَقْتُلُوا النَّفْسَ الَّتِىْ حَرَّمَ اللّٰهُ اِلَّا

اور کسی جان کو جس کا مارنا اللہ نے حرام کر دیا ہے ناحق قتل نہ کرنا

بِالْحَقِّ ؕ وَمَنْ قُتِلَ مَظْلُوْمًا فَقَدْ جَعَلْنَا

اور جو شخص ظلم سے مارا جائے تو ہم نے اسکے والی (وارث) کو

لِوَلِيِّهٖ سُلْطٰنًا فَلَا يُسْرِفْ فِّى الْقَتْلِ ؕ اِنَّهٗ

(قاتل سے قصاص لینے کا) اختیار دیا ہے تو اس کو چاہئے کہ خون (کے بدلے)

كَانَ مَنْصُوْرًا ۝

میں زیادتی نہ کرے (کیونکہ وہ اجبی بدلہ لینے میں بھی) اس کی جیت ہے

پ ۱۵ بنی اسرآئیل

Punishment for Homicide

It is not for a believer to kill a believer unless (it be) by mistake. He who hath killed a believer by mistake must set free a believing slave, and pay the blood-money to the family of the slain, unless they remit it as a charity. If he (the victim) be of a people hostile unto you, and he is a believer, then (the penance is) to set free a believing slave. And if he cometh of a folk between whom and you there is a covenant, then the blood-money must be paid unto his folk and (also) a believing slave must be set free. And whoso hath not the wherewithal must fast for two consecutive months: a penance from

مَاجَزَاءُ الْقَاتِلِ

قاتل کو کیا سزا دینی چاہیئے

وَمَا كَانَ لِمُؤْمِنٍ أَنْ يَّقْتُلَ مُؤْمِنًا إِلَّا

اور کسی مسلمان کو روا نہیں کہ کسی مسلمان کو (جان سے) مار ڈالے مگر غلطی

خَطَأً ۚ وَمَنْ قَتَلَ مُؤْمِنًا خَطَأً فَتَحْرِيرُ

سے (مار ڈالا ہو تو دوسری بات ہے) اور جو مسلمان کو غلطی سے مار ڈالے تو ایک مسلمان

رَقَبَةٍ مُّؤْمِنَةٍ وَّدِيَةٌ مُّسَلَّمَةٌ إِلَىٰ أَهْلِهِ

بردہ آزاد کردے اور وارثانِ مقتول کو خون بہا دے (سو الگ)

إِلَّا أَنْ يَّصَّدَّقُوا ۚ فَإِنْ كَانَ مِنْ قَوْمٍ

مگر یہ کہ وارثانِ مقتول خونبہا معاف کر دیں، پھر اگر مقتول ان میں کا ہو جو

عَدُوٍّ لَّكُمْ وَهُوَ مُؤْمِنٌ فَتَحْرِيرُ رَقَبَةٍ

تم مسلمانوں کے دشمن ہیں اور وہ خود مسلمان ہو تو (بس) ایک مسلمان بردہ آزاد

مُّؤْمِنَةٍ ۖ وَإِنْ كَانَ مِنْ قَوْمٍ بَيْنَكُمْ وَ

کرنا ہوگا اور اگر مقتول اُن لوگوں میں کا ہو جن میں اور تم میں

بَيْنَهُمْ مِّيثَاقٌ فَدِيَةٌ مُّسَلَّمَةٌ إِلَىٰ أَهْلِهِ

(صلح کا) عہد و پیمان ہے تو قاتل کو چاہیئے کہ وارثانِ مقتول کو خونبہا پہنچائے

وَتَحْرِيرُ رَقَبَةٍ مُّؤْمِنَةٍ ۚ فَمَنْ لَّمْ يَجِدْ

اور (اسکے علاوہ) ایک مسلمان بردہ آزاد کرے اور جس کو (بردہ آزاد کرنیکا) مقدور نہ ہو

فَصِيَامُ شَهْرَيْنِ مُتَتَابِعَيْنِ تَوْبَةً مِّنَ

تو لگاتار دو مہینے کے روزے رکھے کہ توبہ کا یہ طریقہ اللہ کا ٹھہرایا ہوا ہے

Allah; and Allah is Knowing. Wise. And whoever slayeth a believer intentionally, his reward is Hell, he small abide therein (forever) and the wrath of Allah (shall be) on him and His curse and He hath prepared for him a great chastisement.

The Commandment about Adultery

And come not near unto adultry, Surely it is an abomination and an evil way.

Punishment for Adultery and for Wrong Allegation of Adultery

The adulterer and the adulteress, scourge ye each one of them (with) a hundred stripes. And

اللّٰهِ ۗ وَكَانَ اللّٰهُ عَلِيْمًا حَكِيْمًا ○ وَمَنْ

اور اللہ (سب کے حال سے) واقف ہے اور اس کا انتظام بڑا پکا انتظام ہے اور

يَّقْتُلْ مُؤْمِنًا مُّتَعَمِّدًا فَجَزَآؤُهٗ جَهَنَّمُ

جو مسلمان کو دیدہ دانستہ مار ڈالے گا تو اس کی سزا دوزخ ہے

خٰلِدًا فِيْهَا وَغَضِبَ اللّٰهُ عَلَيْهِ وَلَعَنَهٗ

جس میں وہ ہمیشہ رہیگا اور اس پر اللہ کا غضب نازل ہوگا اور اس پر خدا کی

وَاَعَدَّ لَهٗ عَذَابًا عَظِيْمًا ○

پھٹکار پڑیگی اور اللہ نے اس کیلئے بڑا سخت عذاب تیار کر رکھا ہے

پ ۵ النسآء

مَا هُوَ حُكْمُ الزِّنٰى

زنا کے متعلق کیا حکم ہے

وَلَا تَقْرَبُوا الزِّنٰٓى اِنَّهٗ كَانَ فَاحِشَةً ۗ وَ

اور زنا کے پاس (ہو کر بھی) نہ پھٹکنا کیونکہ وہ بے حیائی ہے اور

سَآءَ سَبِيْلًا ○

بہت ہی برا چلن

پ ۱۵ بنی اسرآئیل

مَا حَدُّ الزِّنَا وَالْقَذْفِ

زنا کرنے اور زنا کی تہمت لگانے کی کیا سزا کیا ہے

سُوْرَةٌ اَنْزَلْنٰهَا وَفَرَضْنٰهَا وَاَنْزَلْنَا فِيْهَآ

یہ ایک سورت ہے جس کو ہم نے اتارا اور یہ (دستور العمل) ہمارا ہی باندھا ہوا ہے

اٰيٰتٍ بَيِّنٰتٍ لَّعَلَّكُمْ تَذَكَّرُوْنَ ○ اَلزَّانِيَةُ

اور ہم نے اس میں کھلے کھلے احکام نازل کئے ہیں تاکہ تم مسلمان انکو یاد رکھو اور ان پر

let not pity for the twain withhold you from obedience to Allah, if ye believe in Allah and the Last Day. And let a party of believers witness their punishment. The adulterer shall not marry save an adultress or an idolatress, and the adultress none shall marry save an adulterer or an idolater. All that is forbidden unto believers.

And those who accuse honourable women but bring not four witnesses, scourge them (with) eighty stripes and never (afterward) accept their testimony—

وَالزَّانِيْ فَاجْلِدُوْا كُلَّ وَاحِدٍ مِّنْهُمَا مِائَةَ

عمل کرو) عورت اور مرد زنا کریں تو اُن میں سے ہر ایک کو سو دُرّے مارو

جَلْدَةٍ وَّلَا تَأْخُذْكُمْ بِهِمَا رَأْفَةٌ فِيْ

اور اگر اللہ اور روزِ آخرت پر یقین رکھتے ہو تو اللہ کے

دِيْنِ اللّٰهِ اِنْ كُنْتُمْ تُؤْمِنُوْنَ بِاللّٰهِ وَالْيَوْمِ

کی تعمیل میں تم کو ان (کے حال) پر (کسی طرح کا) ترس دامنگیر

الْاٰخِرِ وَلْيَشْهَدْ عَذَابَهُمَا طَآئِفَةٌ مِّنَ

نہ ہو اور (نیز) ان کے سزا دیتے وقت مسلمانوں کی ایک جماعت

الْمُؤْمِنِيْنَ ۝ اَلزَّانِيْ لَا يَنْكِحُ اِلَّا زَانِيَةً

(انکی فضیحت کیلئے) موجود رہے، بدکار مرد تو اپنی رغبت سے جب نکاح کریگا غالباً

اَوْ مُشْرِكَةً وَّالزَّانِيَةُ لَا يَنْكِحُهَا اِلَّا زَانٍ

بدکار عورت یا مشرکہ عورت سے نکاح کریگا، اور بدکار عورت بھی غالباً اپنا جیسا

اَوْ مُشْرِكٌ وَحُرِّمَ ذٰلِكَ عَلَى الْمُؤْمِنِيْنَ ۝

ڈھونڈے گی اور اس کو بدکار یا مشرک کے سوا اور کوئی نکاح میں نہیں لائیگا اور دیندار

وَالَّذِيْنَ يَرْمُوْنَ الْمُحْصَنٰتِ ثُمَّ لَمْ يَاْتُوْا

مسلمان پر تو ایسے تعلقات حرام ہیں، اور جو لوگ پاکدامن عورتوں پر (زنا کی)

بِاَرْبَعَةِ شُهَدَآءَ فَاجْلِدُوْهُمْ ثَمٰنِيْنَ

تہمت لگائیں اور چار گواہ نہ لاسکیں تو اُن کے اسّی دُرّے مارو

جَلْدَةً وَّلَا تَقْبَلُوْا لَهُمْ شَهَادَةً اَبَدًا ۚ

اور (آئندہ) کبھی ان کی گواہی قبول نہ کرو،

They indeed are evil doers. Save those who afterward repent and make amendments. (For such) surely Allah is Forgiving, Merciful.

وَاُولٰٓئِكَ هُمُ الْفٰسِقُوْنَ ۙ اِلَّا الَّذِيْنَ

اور یہ لوگ (خود) بدکار ہیں مگر جنہوں نے ایسا

تَابُوْا مِنْۢ بَعْدِ ذٰلِكَ وَاَصْلَحُوْا ۚ فَاِنَّ

کئے پیچھے توبہ کی اور اپنی حالت درست کرلی تو

اللّٰهَ غَفُوْرٌ رَّحِيْمٌ ۝

اللہ بخشنے والا مہربان ہے

What evidence is needed if the husband accuses his wife of adultery

مَا عَلَى الْمُسْلِمِيْنَ اِذَا رَمَوْا اَزْوَاجَهُمْ

خاوند بیوی پر زنا کی تہمت لگائے تو کیا ثبوت ہونا چاہیے

As for those who accuse their wives but have no witnesses except themselves, let the testimony of one of them be four testimonies, (swearing) by Allah that he is of those who speak the truth; and yet a fifth, invoking the curse of Allah on him if he is of those who lie.

وَالَّذِيْنَ يَرْمُوْنَ اَزْوَاجَهُمْ وَلَمْ يَكُنْ

اور جو لوگ اپنی بیویوں پر زنا کا عیب لگائیں اور بجز اپنے اُن کا

لَّهُمْ شُهَدَآءُ اِلَّآ اَنْفُسُهُمْ فَشَهَادَةُ

کوئی گواہ نہ ہو تو (ایسے مدعیوں میں سے ہر ایک کا ثبوت یہی ہے کہ

اَحَدِهِمْ اَرْبَعُ شَهٰدٰتٍۭ بِاللّٰهِ ۙ اِنَّهٗ

وہ چار بار خدا کی قسم کھا کر بیان کرے کہ بلاشک وشبہ وہ (اپنے دعوے

لَمِنَ الصّٰدِقِيْنَ ۝ وَالْخَامِسَةُ اَنَّ

میں) سچا ہے اور پانچویں دفعہ یوں (کہے) کہ

لَعْنَتَ اللّٰهِ عَلَيْهِ اِنْ كَانَ مِنَ

اگر وہ جھوٹ بولتا ہو تو اس پر

الْكٰذِبِيْنَ ۝

خدا کی لعنت

How can the woman be acquitted

And it shall aver the punishment from her if she bear witness before Allah four times that the thing he saith is indeed false. And a fifth (time) that the wrath of Allah be upon her if he speaketh truth. And had it not been for the grace of Allah and His mercy unto you, and that Allah is Clement, Wise, (ye had been undone).

مَا يَدْرَؤُا عَنْهَا الْعَذَابَ

عورت کی برات کیسے ہو سکتی ہے

وَيَدْرَؤُا عَنْهَا الْعَذَابَ اَنْ تَشْهَدَ

اور (مرد کے حلف کے پیچھے) عورت (کے سر پر) سے اس طرح سزا ٹل سکتی ہے

اَرْبَعَ شَهٰدٰتٍۢ بِاللّٰهِ ۙ اِنَّهٗ لَمِنَ

کہ وہ چار بار خدا کی قسم کھا کر بیان کردے کہ یہ شخص (سرتا سر)

الْكٰذِبِيْنَ ۙ۝ وَالْخَامِسَةَ اَنَّ غَضَبَ

جھوٹا ہے اور پانچویں (بار یوں کہے) کہ اگر یہ شخص اپنے دعوے

اللّٰهِ عَلَيْهَاۤ اِنْ كَانَ مِنَ الصّٰدِقِيْنَ ۝

میں سچا ہو تو مجھ پر خدا ہی کا غضب (پڑے) اور اگر یہ بات نہ ہوتی کہ تم

وَلَوْلَا فَضْلُ اللّٰهِ عَلَيْكُمْ وَرَحْمَتُهٗ وَ

لوگوں پر اللہ کا فضل اور اس کا کرم ہے (اور وہ تم کو اپنے فضل و کرم سے یہ قاعدے تعلیم فرماتا ہے

نہیں تو تم بڑی مشکل میں پھنس جاتے

اَنَّ اللّٰهَ تَوَّابٌ حَكِيْمٌ ۝

اور (نیز) یہ کہ اللہ بڑا توبہ قبول کرنے والا اور (مصالح خانہ داری سے) واقف ہے